GENTE ROTA

Y EL ARTE DE LIDERARLA

Marvin Paredes

e625.com

GENTE ROTA Y EL ARTE DE LIDERARLA
e625 - 2021
Dallas, Texas
e625 ©2021 por Marvin Paredes

Todas las citas bíblicas son de la Nueva Biblia Viva (NBV) a menos que se indique lo contrario.

Editado por: **María Gallardo**
Diseño: **Nati Adami / Luvagraphics**

ISBN: 978-1-946707-65-9

IMPRESO EN ESTADOS UNIDOS

DEDICATORIA

A todos los que aún necesitamos de la compasión de Dios en nuestras vidas; a los que sabemos que es tanta la misericordia que hemos recibido que nos sentimos comprometidos a compartirla.

AGRADECIMIENTOS

A Catty, mi esposa, mi mejor amiga, motivadora, coach y mentora, a quien admiro y quien me ha mostrado la bondad de Dios a cada momento. Su inspiración y amor son constantes y no cabe duda que soy un agradecido por su vida y compañía que me impulsan a seguir cumpliendo el propósito de Dios.

A mis padres, Lisandro y Maggie, por sus consejos y palabras de ánimo. A mis hermanas por sus enseñanzas y su ejemplo de liderazgo con mis sobrinos.

A Lucas Leys por ser ese líder inspirador y catalizador de este proyecto. Tu vida y tu familia me motivan a seguir amando el servir al liderazgo de la iglesia y a las nuevas generaciones.

A mis amigos del ministerio, pastores y líderes, en especial al equipo de trabajo de líderes de jóvenes de la Iglesia Vida Real punto Roosevelt en Guatemala, con quienes soñamos y buscamos siempre dar lo mejor para que los chicos se enamoren de Jesús y tengan una relación personal con él. También a varios amigos pastores y líderes, de diferentes países que colaboraron con sus comentarios e historias que me ayudaron a comprender aún más el arte de liderar a las personas.

A Dios, porque este libro es muestra de su amor y de su compasión hacia mi vida, y porque siempre ha estado, está y estará guiándome. Toda la gloria y honra a ti, mi Dios y Señor.

CONTENIDO

INTRO

El conferencista dijo: "El mundo es un caos: hay guerras, las familias están en crisis, las enfermedades nuevas están matando mucha gente, la lucha de poderes políticos y socioeconómicos, junto a la violencia, los vicios y la inseguridad están destruyendo al mundo. El mundo necesita un cambio, necesita esperanza, y la respuesta de salvación y ayuda para el mundo es Jesús, y también lo es para tu vida".

Estas palabras no fueron pronunciadas el domingo pasado. Este fue un mensaje que prediqué en el año 1990. ¡Realmente veía que el mundo estaba lleno de gente rota! ¿Y sabes qué? Ahora, tres décadas más tarde, veo que la historia se repite. Han cambiado las enfermedades, ha avanzado la tecnología, han evolucionado las comunicaciones, pero la gente sigue igual. La sociedad sigue igual de fracturada y la gente sigue rota, herida, vacía, sufriente, desorientada y llena de temores.

Entonces, ¿qué hacemos? ¿Cómo podemos solucionar los grandes problemas del mundo? Es una buena pregunta, pero creo que muchas veces queremos cambiar el mundo, y tal vez hemos sido llamados a resolver lo que está en nuestro círculo de influencia.

Ciertamente nuestro trabajo no salvará a todo el mundo, y desde ya que esa no es nuestra tarea, porque fue Jesús quien vino al mundo con ese propósito. Pero sí podemos hacer una diferencia en las vidas de nuestros amigos o vecinos, de los jóvenes de la iglesia o de nuestros compañeros de trabajo. Si cuando alguno de ellos se acerca a nosotros necesitado de apoyo, lo acompañamos y no dudamos en hablarle de Jesús, podemos tener la certeza de que para ese amigo o compañero de trabajo sí valió la pena.

A lo largo de las siguientes páginas quisiera transmitirte la importancia de asumir la tarea de liderar con un amor compasivo a todas aquellas personas rotas que el Señor ponga en tu camino. Mi deseo es que encuentres en este libro un modelo práctico y fácilmente replicable que puedas implementar en tu ministerio y, por qué no, también en tu familia. Que Dios te bendiga y te siga usando, y que al terminar de leer este libro sientas que ha valido la pena para ti.

PARTE I

CAPÍTULO 1

¿Dónde estás?

"Pero Dios el Señor llamó al hombre y le preguntó: - ¿Dónde estás?".

Génesis 3:9

"Miseria del hombre sin Dios implica felicidad del hombre con Dios".

Blaise Pascal

Era un sábado y yo tendría unos 8 o 9 años. No recuerdo exactamente si fue mi mamá o mi papá quien me pidió que por favor fuera por un litro de leche para el desayuno. Me entregaron un billete y un envase de aluminio en el que debía traer la leche. Yo me calcé los zapatos y me dispuse a salir, orgulloso por la confianza que me depositaron mis padres.

Salí de casa, vi a unos amigos que estaban jugando desde temprano en la calle y los saludé. También saludé a varios vecinos, les di los buenos días a unas señoras que iban camino al mercado, y luego de andar una cuadra y media llegué a la tienda. La señora salió a atenderme y me preguntó qué necesitaba. Le dije: "¿Me podría dar un litro de leche, por favor?". Estaba realmente ilusionado pensando en el cereal que con esa leche y una fruta iba a desayunar. La señora tomó el recipiente de aluminio que yo llevaba, se dirigió hacia el fondo, y regresó con el litro de leche. Luego me dijo: "Son Q6.00". Yo comencé a buscar el billete de Q10.00 que me habían dado mis padres. Busqué en mi bolsillo izquierdo, en el derecho, en los de atrás... solo me faltó revisar mis calcetines, pero el billete no apareció. El susto se me debe haber notado en la cara, porque en seguida la señora me dijo: "¿Qué le pasa m'hijo?". Le expliqué que no encontraba el dinero, y entonces ella volvió a dejar la leche, me entregó el recipiente vacío, y con cara de tristeza me dijo "Bueno, ¡si lo encuentras, regresas!".

En ese momento comencé a temblar, imaginándome el castigo que me iban a dar mis padres. ¡No me podía explicar cómo había perdido ese billete! Estaba casi seguro de que lo llevaba en la mano, pero se ve que por creerme el alcalde del pueblo y caminar saludando a todo el mundo, en algún movimiento lo dejé caer. Emprendí el regreso a casa, mirando siempre hacia el suelo y esperando un milagro... Pero no, no pude encontrar el billete.

Sabía que estaba en problemas y fue en ese momento que se me ocurrió la brillante de idea de esconderme. Yo estaba convencido de que, si me escondía, mis padres eventualmente olvidarían que yo existía y nadie llegaría jamás a saber qué pasó con la leche ni con el niño que fue por ella.

Al cabo de unos cuarenta y cinco minutos, un empleado de mi padre me encontró y gritó: ¡Aquí está! Yo tenía los ojos rojos por llorar. Poco a poco empecé a caminar hacia la casa, y cuando entré encontré a mi mamá con cara de angustia, al igual que mi padre. Solo recuerdo que dijeron al unísono: "¡¿Dónde estabas, hijito?! ¡¿Por qué te escondiste?!", y luego llegó el jalón de orejas, que sirvió como disparador para que yo comenzara a llorar desconsoladamente. Entre lágrimas, temor y tristeza, traté de explicarles lo que había pasado.

Mi madre fue la primera que se acercó y me dijo: "¡M'hijo, pero nos hubieras contado lo que sucedió en lugar de esconderte! ¡Tu papá y yo estábamos muy angustiados pensando que te había pasado algo malo! Luego vino una charla en la que mis padres se empeñaron en hacerme comprender que, en lugar de esconderme, debería haber confiado en ellos como para contarles francamente lo que me había sucedido.

Hoy esta anécdota de mi infancia puede resultar intrascendente y hasta graciosa, porque luego de una amable corrección tuvo un final feliz. Pero no puedo dejar de compararla con la historia de dos personajes en los inicios de la historia de la humanidad. Yo me escondí porque sabía que había hecho algo malo. Había perdido el dinero que me habían confiado y no había cumplido con la tarea que me habían encomendado. Sentía que había fallado. Me sentía culpable, frustrado e impotente. A mis 8 o 9 años no había nada que pudiera hacer para solucionar el problema, y en lo único que pude pensar fue en huir y esconderme. Esto me hace acordar a Adán y Eva en el jardín del Edén. También a ellos se les había dado una instrucción. Se les encomendó su litro de leche y se les dio su billetito. ¿De qué manera? Pues leemos que Dios les dijo: *"... Puedes comer del fruto de todos los árboles que hay en el jardín, pero del árbol del conocimiento del bien y del mal no podrás comer..."* (Génesis 2:16-17). ¿Y qué sucedió? ¡Que ellos también perdieron el billete y fallaron en traer el litro de leche! En otras palabras, ¡comieron del árbol del conocimiento del bien y del mal! En seguida supieron que algo se había roto, que no habían hecho lo correcto, que habían fallado en cumplir lo que se les había encomendado. Yo puedo imaginar perfectamente lo que sintieron si me pongo a recordar lo que yo mismo sentí tras perder mi billete de Q10.00. La ansiedad, la angustia, las preguntas rondando en mi mente, el miedo... Y tal y como hice yo, ellos también corrieron a esconderse en el patio trasero de la casa.

"Pero Dios el Señor llamó al hombre y le preguntó: –¿Dónde estás?" (Génesis 3:9). ¡Dios sabía todo lo que había sucedido, y decidió ir a buscarlos! El Señor fue a su encuentro, pero no para pedir una explicación con tono severo, sino con la misma preocupación y tristeza que se notaba en la voz de mis padres

al decirme: "¿Dónde estabas, hijito? ¡Por fin te encontramos!".
Aún recuerdo la emoción de mis padres al verme bien y sano, y
por eso puedo entender el tono en el que Dios se dirige a Adán
cuando le dice: "¿Dónde estás, hijito mío? Mi corazón está triste.
Quiero encontrarte. ¡No te escondas!".

Esa pregunta no le llegó a Adán con un matiz de crítica o de juicio.
Aunque Dios podría haberle preguntado: "¿Por qué lo hiciste?", o
aun, con más severidad, "¡¿Qué has hecho, Adán?!", no lo hizo.

Recuerdo que mi esposa me comentó hace un tiempo que una de
las técnicas del coaching consiste en plantear una pregunta no
tradicional, para obtener una respuesta que genere una reflexión
y una enseñanza. Por ejemplo, cuando una persona está llegando
tarde a su trabajo, se prepara para responder a la pregunta: "¿Por
qué llega usted tarde?", y va elaborando en su cabeza varias
excusas posibles. Pero si la pregunta que le planteara su jefe
fuera: "¿Para qué llega usted tarde?", el individuo se vería entonces
forzado a realizar un análisis de la situación. Se vería obligado a
cuestionarse: ¿qué debo cambiar, entender, mejorar?, y quizás así
llegue a aprender que debe proponerse salir más temprano de su
casa y ser un ejemplo para sus compañeros de trabajo.

Dios le preguntó a Adán: "¿Dónde estás?". Ante una pregunta más
incisiva, es probable que la reacción de Adán hubiera sido otra.
Pero ante esta pregunta llena de gracia y amor, Adán respondió
con la verdad: "... *Oí que andabas por el jardín y me dio miedo,
pues estoy desnudo. Así que me escondí*" (Génesis 3:10). En ese
momento, la vergüenza, el dolor de haber fallado, de haber
traicionado la confianza depositada en él, de no haber cumplido,
de no ser perfecto delante de Dios, lo llevó a decirle: "tuve miedo
de ti". Pero el amor de Dios era más fuerte que cualquier vergüenza
y traición, porque Él buscaba a su hijo, a quien amaba y a quien
había creado para una relación perfecta. Y cuando Adán le dice:
"pues estoy desnudo", Dios le pregunta: "*¿Quién te dijo que estás
desnudo?... ¿Acaso comiste del fruto del árbol que te ordené que*

no comieras?" (Génesis 3:11).

Hoy la humanidad se está escondiendo con temor porque hemos hecho lo que nos parecía bien a nosotros sin consultar a Dios.

Quizás Adán hubiera querido expresarle a Dios los motivos de su vergüenza: perdí el billete, no traje la leche... Hoy la huma-nidad entera se está escondiendo con temor y vergüenza, porque hemos hecho lo que nos parecía bien a nosotros sin consultar a Dios. Sabíamos lo que se esperaba que hiciéramos, pero aun así algo dentro de nosotros nos llevó a tomar decisiones incorrectas. ¿Dónde están hoy las familias? ¿Dónde están los jóvenes? ¿De qué se esconden? ¿De qué nos escondemos? Si bien vivimos circunstancias diferentes, todos nosotros, en algún momento, hemos estado escondidos detrás de los arbustos. Todos hemos pasado de una manera u otra por esa situación: nos ocultamos, nos cubrimos para tapar nuestro pecado, nuestro fracaso, nuestra vergüenza, el dolor por nuestras relaciones quebradas, por nuestras transgresiones, por una identidad equivocada, por nuestra falta de obediencia... Me equivoqué, fallé, mentí, fui infiel... y hoy me siento desnudo.

Y esa es la realidad. A menos que experimentemos la cobertura espiritual del amor y la gracia de Dios, estamos desnudos. Pero vemos en la Biblia que Dios no se acercó a Adán para acusarlo o para hacerle un reproche. Sabiendo que su relación con el hombre se había roto, Él solo le preguntó: "¿Dónde estás?".

En mi caso personal, fue en septiembre de 1990 cuando escuche la voz de Dios decirme: "¿Dónde estás?" Yo tenía apenas 12 años de edad pero me sentía lleno de desesperanza, de temores, de complejos, y con la autoestima y la identidad deterioradas. Sentía que mis amigos y la sociedad en general me señalaban, y había decidido esconderme detrás de los arbustos, alejándome de

17

Dios. Muchas veces los arbustos que utilizaba para esconderme de Dios tenían la forma de una falsa identidad, con una manera tóxica de tratar a las personas, siendo hiriente y poniendo apodos ofensivos para no dejar ver mi dolor. No escuchaba la voz de Dios diciendo "¡Quiero que volvamos a estar cerca! ¡Quiero que me permitas restaurar nuestra relación! ¡No te escondas más!".

Y es curioso cómo los seres humanos solemos repetir los ciclos, porque aun cuando en ese momento salí de los arbustos para mostrarme tal cual era, a los 19 años volví a comer del fruto que no debía haber comido y tuve que esconderme nuevamente de Dios. Pero quiero decirte que con su amor y su gracia inmensurable e inmerecida, Él se acercó otra vez para decirme "¿Dónde estás? Te volviste a esconder... Pero yo quiero estar cerca de ti; quiero que me permitas, una vez más, restaurar nuestra relación...".

Dios pregunta "¿Dónde estás?", para darnos la oportunidad de decirle "Aquí estoy".

Hoy existen arbustos más grandes detrás de los cuales esconderse, y quizás la sociedad ha encontrado más cómodo permanecer detrás de ellos que responder al llamado de amor de Dios. Incluso los cristianos muchas veces vivimos detrás de los arbustos de la espiritualidad, de la vida "correcta", de la prosperidad y de un montón de otras máscaras que utilizamos para intentar esconder nuestros errores, conflictos y problemas. Pero Dios conoce todas las cosas, incluso las que nos esforzamos por ocultarle al resto del mundo, y la pregunta que Él nos hace sigue siendo la misma. Dios ya sabe lo que hemos hecho bien o mal; Él lo sabe todo. Pero nos formula esta pregunta, "¿Dónde estás?", para darnos la oportunidad de decirle "Aquí estoy".

"Tenía miedo, estaba triste, frustrado, ansioso...". "Me escondí detrás de mis talentos, de mi empresa, de la iglesia, del ministerio...". "Pensé que esos arbustos tapaban mi pecado...".

Cuando le confesamos a Dios estas cosas, entonces su gracia y su amor vienen a nosotros para acercarnos a Él una vez más.

La Biblia nos dice que luego de ese encuentro, Dios cubrió a Adán y Eva con pieles de animales. Vemos aquí cómo Dios corrige con amor. Ese mismo amor que mostró al sacarlos del Jardín del Edén para que no comieran del árbol de la vida cuando aún la relación del hombre con Dios no había sido restaurada de una vez y para siempre. Dentro de su plan perfecto, de esta manera estaba librando a Adán, a Eva y a toda la humanidad de vivir por la eternidad separados de Dios.

Hoy, miles de años más tarde, en su gran amor Dios sigue preguntándonos "¿Dónde estás?". Y Él sigue anhelando que le respondamos, dándole la posibilidad de restaurar nuestras vidas rotas y nuestra relación con Él, que también estaba rota.

Jesús, el Hijo amado, con su amor y su gracia vino a este mundo, no solo a traernos vida eterna, sino a llenar los vacíos de nuestra vida mientras estamos aquí en la Tierra. Vino a restaurarnos, a librarnos de todo sentimiento de vergüenza, de dolor, de remordimiento y de fracaso. Ya no necesitamos escondernos, porque podemos acercarnos confiadamente a disfrutar de una relación personal y cercana con ese Dios que anhela darnos vida, y vida en abundancia.

Lejos de juzgar, señalar o etiquetar a las personas que fallaron, a las que se equivocaron y a las que por decisiones propias o por las circunstancias de la vida están escondiéndose detrás de los arbustos, la Iglesia debe estar dispuesta a acercarse y preguntarles lo mismo que Dios le preguntó a Adán en el Jardín: "¿Dónde estás?".

El Señor anhela llenar el mundo de esa gracia y ese amor que pueden restaurar vidas y sanar corazones rotos. Nuestro llamado, como líderes y como Iglesia, es a ser agentes suyos en esa tarea, buscando a los que están separados de Dios, y mostrándoles esa misma gracia que recibimos nosotros.

CAPÍTULO 2

Todos estamos rotos

"Todos estamos rotos, pero hasta la parte más rota de una crayola sigue pintando".

Anónimo

"... Aquel de ustedes que nunca haya pecado, tire la primera piedra" (Juan 8:7). ¿Qué vemos en esta escena? Un grupo de personas que consideran que son "buenas", porque "no pecan", acusando a una mujer que fue descubierta en un acto de adulterio. "¡Ha infringido la ley! ¡Merece ser castigada y morir!", decían.

Lejos de estar pasada de moda, esta historia nos muestra un escenario que para muchos de nosotros hoy en día podría ser común. ¡Cuántas veces, como iglesia y como líderes hemos acusado, señalado, y aun desacreditado, a otros líderes por considerarlos "pecadores", o simplemente porque su forma de predicar o de actuar es distinta que la nuestra! Vaya, ¡como si nosotros mismos fuéramos perfectos!

Esa realidad me confronta como hijo de Dios, como cristiano y como líder. Sé que debemos estar alertas, porque muchas veces, quizás de manera inconsciente, nos volvemos ciegos a nuestros propios errores, y en el deseo de ser mejores nos erigimos en jueces de otros, dictando sentencia en lugar de cumplir nuestro rol de entregarles amor y gracia.

> **No existe un mejor lugar que la presencia de Jesús.**

En este episodio con la mujer pecadora, vemos que Jesús no le preguntó: "¿Es cierto que estabas pecando? ¿Estabas teniendo relaciones con alguien que no debías? ¿Te pagaron por hacerlo? ¿Quién fue el hombre que te pagó? ¿Desde cuándo lo vienes haciendo?". Tampoco le dijo: "Claro, lo que pasa es que eres una mujer pagana... y prostituta tenías que ser por tu trasfondo: un hogar desintegrado, un padre ausente, una madre amargada... Sin duda, pecadora era lo que te tocaba ser". No. Si prestas atención al leer la narración, verás que no le preguntó nada. ¡Ni siquiera su nombre! ¿Por qué? Porque Jesús ya conocía todo lo que necesitaba saber, y en su gran amor, lo único que estaría pensando en ese momento sería: "Hace tanto tiempo le he estado preguntando a esta mujer '¿Dónde estás?', ¡y ella por fin ha venido a mí! Ya no importan ni la vergüenza ni el pasado, ¡porque ya vino a mí!". Para la mujer de esta historia, al igual que para cada uno de nosotros, no existe un mejor lugar que la presencia de Jesús.

Todos los presentes, esos hombres "piadosos" que pretendían que el peso de la ley cayera sobre esta pecadora, se vieron confrontados el escuchar a Jesús cuando dijo: "¡Aquel de ustedes que nunca haya pecado, tire la primera piedra!". La narración nos relata que todos, desde el más viejo hasta el más joven, poco a poco se fueron retirando de la escena... porque la realidad es que todos somos pecadores.

Pablo nos lo recuerda en la carta a los Romanos: *"Es así porque todos hemos pecado y no tenemos derecho a gozar de la gloria de Dios"* (Romanos 3:23). Todos en alguna medida estamos rotos. Muchos se esconden detrás de diferentes arbustos posmodernos:

la tecnología, las redes sociales, la virtualización, las distintas filosofías y las creencias religiosas adaptadas a ideologías humanas. Pero la sociedad está dañada, y con el correr del tiempo, a causa de la pérdida de valores, la falta de temor de Dios y el desprecio a los principios de la ética cristiana, el deterioro se hace cada vez más evidente.

John Baker dice: *"La causa de nuestros problemas es nuestra naturaleza. No me refiero a los árboles, las rocas y los lagos sino a la condición humana, es decir, nuestra naturaleza pecaminosa. La Biblia nos dice que nuestra naturaleza pecaminosa nos mete en toda clase de problemas. Optamos por hacer cosas que no son buenas para nosotros, aunque sepamos qué es lo bueno. Reaccionamos de maneras perjudiciales al ser lastimados. Tratamos de arreglar problemas y nuestros intentos únicamente empeoran la situación. La Biblia lo dice de este modo: "Hay camino que al hombre le parece derecho; pero su fin es camino de muerte". Este versículo nos revela que no podemos confiar en nuestra naturaleza humana para sacarnos de nuestros problemas. Por su propia cuenta, nuestra naturaleza de pecado tenderá a hacer lo malo, y deseará suplantar a Dios y actuar como si fuera Dios".*[1]

Este aspecto de nuestra condición humana pone en evidencia que, a partir de la desobediencia de Adán, el pecado entró en el mundo, y viene dejando un tendal de personas y de relaciones rotas desde entonces y hasta el día de hoy.

Muchas veces vivimos como los Gálatas, a quienes Pablo decía: *"Se han apartado de Cristo si esperan justificarse guardando la ley. ¡Han caído de la gracia de Dios!"* (Gálatas 5:4). Hoy en día intentamos justificarnos mediante protocolos, liturgias, actividades "religiosas", pensando que pueden salvar, que pueden restaurar lo dañado. Pero solamente Cristo puede repararnos y llevarnos a toda verdad por medio de su gracia y su amor.

Esa gracia desmedida llega a nuestras vidas resquebrajadas para mostrarnos que, tal como expresa la frase que encabeza este capítulo: "Todos estamos rotos, pero hasta la parte más rota de una crayola sigue pintando". No importa cuán rotos estemos, hay algo en nosotros que sigue reflejando el amor de Dios, porque fuimos hechos a su imagen y semejanza. Aunque en este momento estemos rotos, destruidos, separados de Dios, siempre queda algo en nosotros que da color, que da vida, que demuestra que tenemos esperanza. Un color de vida que proclama que aun en mi quebranto hay algo de Dios en mí, y que me mueve a clamar: "¡Ayúdame, rescátame, guíame y restáurame!"

PERSONAS ROTAS AYUDANDO A OTRAS PERSONAS ROTAS

Buscando en el diccionario una definición de la palabra "roto" o "rota" encontré varias acepciones: "que está quebrado o partido en dos o más partes"; "averiado, que ha dejado de funcionar; "andrajoso, que lleva la ropa rota"; "muy cansado, agotado"; "rotura, raja o agujero, especialmente en la ropa".[2]

> *En un mundo roto las personas necesitan desesperadamente ese amor que brota de un cristianismo genuino.*

Dante Gebel en una predicación hizo referencia a una frase que le había llamado la atención: "En el servicio del amor, solo los soldados heridos pueden servir". ¡Las personas rotas pueden servir! Y, yo agregaría, ¡también pueden liderar! Esta es una declaración poderosa, porque significa que Dios puede utilizar las grietas de nuestras partes rotas para que su gracia fluya hacia el que la está necesitando. En un mundo roto las personas necesitan desesperadamente ese amor que brota de un cristianismo genuino. No es a través de una interacción en la reunión del domingo, ni de un evento lleno de luces, tecnología y diversión, sino mediante una relación fraternal donde una persona rota puede ayudar a otra persona rota.

Para lograr esto se necesita ser humilde y estar dispuesto a hacerse vulnerable, porque a nadie le agrada ser juzgado por su pasado ni que queden expuestas sus debilidades.

Debemos tener la humildad de reconocer nuestros errores y presentarnos ante Dios diciendo: "Señor, sé que no soy perfecto, pero estoy aquí con mis faltas, dispuesto a servir y ayudar a otros".

Siempre he pensado que las experiencias de mi vida pasada han servido precisamente para conectarme con muchos de los jóvenes que hoy día llegan a mí por consejería. Cuando los escucho, muchas veces puedo decirles: "Me identifico contigo, porque a mí también me sucedió". Mi vida es una muestra de cómo una persona rota puede ser restaurada por Dios con el propósito de ser usada para bendecir a otros. Cuando, como líderes, nos encontramos en una posición de guiar y acompañar a personas rotas, tenemos la gran responsabilidad de compartir el amor y la gracia que nosotros mismos hemos recibido de parte de Dios.

¿TÓXICO YO?

"Entonces clamarán al SEÑOR, pero Él no les responderá; sino que esconderá de ellos su rostro en aquel tiempo, porque han hecho malas obras" (Miqueas 3:4 LBLA).

En un mundo lleno de personas dañadas y rotas, no es de extrañar que la sociedad entera refleje esa triste realidad. Hoy vemos una sociedad convulsionada, alienada, separada de Dios, que se ha convertido en un espacio tóxico lleno de personas tóxicas.

Recientemente realicé una encuesta preguntando a varios amigos que residen en distintos países del mundo si consideraban que la expresión "una persona tóxica" significa lo mismo que "una persona rota". Del resultado de dicha encuesta llegué a la conclusión de que todos somos personas rotas, pero cada uno puede decidir si permite o no que la toxicidad del mundo lo afecte, y si va a transmitir a otros, o no, esa toxicidad.

El problema es que a veces resulta difícil impedir que nos penetre la toxicidad que permanentemente nos rodea. Hoy más que nunca vemos cuánta maldad, cuánta intolerancia y cuánta falta de respeto circula en las redes sociales; cuántos comentarios dañinos que afectan, y aun destruyen, a tantas personas. Y las preguntas que vienen a mi mente son: ¿cómo lideramos a esas personas? ¿Cómo ayudamos a sanar las emociones de esos corazones heridos por una sociedad enferma y falta de amor a Dios y al prójimo?

Lamentablemente, esta sociedad tóxica ha adoptado el egocentrismo como estilo de vida. ¡Cuántas mentiras hay detrás del discurso de ciertas organizaciones que dicen luchar por los derechos de las personas, y al mismo tiempo le niegan el derecho a la vida a un ser indefenso! ¡Cuánta presión fabrican, para lograr imponer sus ideologías con el argumento de que "el fin justifica los medios", sin reparar en el daño que pueden causar!

Pero volviendo al tema, según el diccionario de la Real Academia de la Lengua Española, "tóxico" significa *"que contiene veneno o produce envenenamiento..."*.[3]

Al analizar esta definición, me viene a la mente el pasaje de Juan 10:10 que describe a satanás como *"el ladrón (que) sólo viene a robar, matar y destruir"*. Claramente, nuestro adversario, el diablo, podría describirse como alguien que contiene veneno y provoca el envenenamiento de la sociedad. ¡Pero cuánto me anima ver que en el mismo versículo se nos asegura que Jesús, en cambio, vino para que tuviéramos vida, y vida en abundancia!

Al buscar cómo definir con mayor precisión el concepto de "persona tóxica", encontré en internet la siguiente descripción: *"Una persona tóxica hace referencia a alguien que afecta* directa y negativamente a sus más cercanos debido, entre otros aspectos, a su personalidad egocéntrica y narcisista [ególatra]. Una persona tóxica tiene patrones típicos de un egocéntrico como, por ejemplo, el de ser poco empática con relación a lo que piensan los demás. Además, adopta una personalidad narcisista al menospreciar las ideas de los otros".[4]

Desde ya que personas con estas características han existido en todas las épocas, no solo en la nuestra. Pero quizás actualmente son más visibles. Las encuentras cuando vas conduciendo y ves que, si tú les pides paso, te tiran el vehículo encima. Lo escuchas de novios o esposos, novias o esposas, diciendo que están viviendo una relación tóxica. Si lo piensas un momento verás que seguramente has tenido contacto con personas tóxicas en distintos ambientes: en tu trabajo, en tu vecindad, e incluso en la iglesia. ¡Están en todas partes! Pero, ¿a qué se debe esto? ¿Y por qué son así?

Volvemos a nuestra idea original: Somos personas rotas, todos nosotros, y por eso necesitamos de Dios en nuestras vidas. Si nos apartamos de su presencia, corremos el riesgo de convertirnos en personas tóxicas que, en lugar de ayudar a los demás, juzgan, critican y lastiman, porque solo buscan su propio bien. Y eso inevitablemente afectaría a nuestro entorno, de modo que nuestra familia, trabajo o ministerio podrían llegar a convertirse también en espacios tóxicos.

Miremos esta historia de hace más de seis mil años. *"Entonces el Señor le preguntó: «¿Por qué estás tan enojado y andas amargado? Si hicieras lo correcto podrías andar con tu frente en alto. Pero si actúas mal, el pecado, como una fiera, está listo a lanzarse sobre ti y destruirte. Sin embargo, tú puedes dominarlo»"* (Génesis 4:6-7).

En esta historia vemos a dos hermanos que podrían haberse llevado muy bien, pero al mayor de ellos, sin duda, había algo que le incomodaba. Caín permitió que su vida se llenara de la toxicidad de los celos, de la envidia, de no ser el preferido, de no ser alguien que fuera visto con buenos ojos como lo era su hermano Abel. Por todo esto, Caín decidió en su corazón matar a Abel. Por supuesto que esta decisión fue el resultado de un proceso. Un día tal vez comenzó con una idea tóxica, y con el correr del tiempo fue llenándose de más y más toxicidad, hasta que llegó un momento en que el vaso rebalsó y ya no lo pudo dominar. Como suelo decir, no terminas en el fondo del mar con solo pensarlo. Tienes que disponerte a ir a la playa, caminar hacia la orilla y poco a poco internarte en el mar. Esto implica, requiere, todo un proceso. Eso fue lo que le sucedió a Caín, quien permitió que poco a poco todo su rencor, su amargura y sus celos dieran lugar al pecado, tal como lo advierte la Escritura. Y llegó el día en que el pecado se lanzó sobre él como una fiera para destruirlo.

¿Cuántas personas con estas características tóxicas encontramos en la Biblia? Podríamos mencionar a muchos personajes, como por ejemplo a Jezabel. O a aquellos que acusaron a Daniel por no adorar al rey, para que fuera arrojado al foso de los leones. Hay otros personajes, tal vez no tan alevosos pero igualmente tóxicos. Tenemos a Jonás, que se rehusó a obedecer a Dios por su deseo de que otros no alcanzaran misericordia. Ese deseo de no ser usado para hacer el bien y por el contrario, desearle el mal a una comunidad, lo convirtió en una persona tóxica. (Un detalle importante que podemos tomar de la historia de Jonás es que tóxico no solo es alguien que hace mal a su entorno, sino también aquel que afecta a otros a causa de su indiferencia y egoísmo). Y hay muchos ejemplos más a lo largo de la Biblia.

Como cristianos, nuestro propósito no puede reducirse a salvarnos únicamente nosotros. No podemos perseguir solo nuestro propio beneficio. Debemos ir a buscar a los que están rotos, a los perdidos, y aun a los tóxicos, para rescatarlos de algo que quizás ni ellos mismos se han percatado de cuánto daño les está haciendo. Bernardo Stamateas dice: *"Todos los seres humanos tenemos rasgos tóxicos, áreas inmaduras. Todos venimos «con defectos de fábrica». ¿Cuál es la diferencia con el tóxico? Ser tóxico es una forma de vivir, de pensar y de actuar; es una manera de funcionar. Además, mientras todos tratamos de eliminar los rasgos tóxicos que percibimos en nosotros mismos, el tóxico no los reconoce y vive culpando a los demás, robando su energía. Los tóxicos son adictos emocionales que para sentirse bien necesitan hacer sentir mal al otro. Son los que van en dirección contraria por la calle y dicen «¡Qué mal conducen estos idiotas!».* [5]

A luz de esta definición tengo que confesarte que, además de ser una persona rota, he actuado como tóxico en algunos momentos de mi vida. Con amigos, con mis padres, en el ministerio, e incluso con mi esposa. Por supuesto que reflexionar sobre esto no es algo agradable, y mucho menos algo de lo cual deberíamos estar orgullosos. Más bien nos debería conducir, con temor y temblor, a venir ante la presencia de Jesús y pedirle que nos limpie y que nos ayude a aprender de esos actos para poder ir pareciéndonos cada vez más a Él.

Jesús tuvo varios encuentros con personas tóxicas, y vemos en las Escrituras que su respuesta siempre dejó traslucir su deseo de hacerles bien. Sin embargo, cada uno de nosotros debe estar atento y vigilar cómo está su corazón, ya que somos responsables de eso. Creo que uno de los episodios en los que más confrontó a los religiosos de esa época es el que encontramos en Mateo 23. Mientras leemos juntos el pasaje, notemos que Jesús no se estaba dirigiendo a personas que no conocían de Dios. ¡Estos eran los líderes religiosos y los maestros de la ley! Lamentablemente, debemos saber que también dentro de la iglesia podemos encontrar toxicidad. Por eso es importante estar atentos a que no haya en nosotros hipocresía, y no dejar de preguntarnos siempre: ¿qué es lo que abunda en mi corazón? Porque de lo que abunda en el corazón, habla la boca (Mateo 12:34).

Nuestro interior debe ser sanado primero, para que luego podamos liderar de manera transparente y vulnerable.

Durante el año 2020, en el contexto de la pandemia por Covid-19, el tiempo de encierro representó para la iglesia un gran desafío, porque en muchos hogares, aun hogares cristianos, se generaron fuertes conflictos. Dentro de las familias, llegaba un momento en el que no se soportaban, no se toleraban más. Podríamos decir que la toxicidad del mundo se reflejaba en los hogares, sacando a relucir aquello que dentro de cada persona necesitaba ser sanado. Esto muestra que nuestro interior es lo primero que necesita ser sanado, y este entendimiento es fundamental para quienes estamos en una posición de liderazgo: nuestro interior debe ser sanado primero, para que luego podamos liderar de manera transparente y vulnerable.

Sigamos ahora con nuestra historia de Jesús y los religiosos, y leamos lo que dice en los primeros versículos:

"Entonces Jesús, dirigiéndose al gentío y a sus discípulos, dijo: «¡Cualquiera que ve a estos escribas y fariseos creando leyes se creerá que son 'Moisés en persona'! Claro, obedézcanlos. ¡Hagan lo que dicen, pero no se les ocurra hacer lo que ellos hacen! Porque ellos mismos no hacen lo que dicen que se debe hacer. Recargan a la gente de mandamientos que ni ellos mismos intentan cumplir»" (Mateo 23:1-4).

Desde el comienzo, Jesús instruye a sus seguidores a que obedezcan a esos escribas y fariseos, porque sus consejos eran buenos, pero les advierte que no los imiten, porque sus intenciones y sus actos no lo eran. Ellos mismos no hacían lo que decían que se debe hacer, y cargaban a los demás con mandamientos que ni ellos cumplían, para luego juzgar, acusar y destruir. En palabras modernas, les estaba diciendo: "¡Cuidado, porque son tóxicos!".

Luego en el verso 15 Jesús les habla directamente a ellos y les dice: *"¡Ay de ustedes, hipócritas!, porque recorren el mundo en busca de conversos, y una vez que los encuentran los hacen dos veces más hijos del infierno que ustedes mismos".* Conociendo los conceptos y lo que significa una persona tóxica, podemos ver que Jesús estaba describiendo, como dirían en mi pueblo "la mata del veneno para destruir a las personas". ¿Qué cristiano, qué líder en su sano juicio, en lugar de acercar a las personas más a Dios, los volvería dos veces más hijos del infierno? Solo una persona tóxica, que en su intento de parecer "buena", y cegada por el orgullo y el egocentrismo, se destruye no solo a sí misma, sino que necesita afectar a otros (y a cuantos más, mejor).

Pero Jesús no se quedó allí. Los versos 25 y 26 son más desafiantes aún: *"¡Ay de ustedes, escribas y fariseos hipócritas!, porque limpian cuidadosamente el exterior del vaso y dejan el interior lleno de robo e injusticia. Fariseos ciegos, limpien primero el interior del vaso, para que esté limpio por dentro y por fuera".* Esto se cumple a menudo: una persona tóxica va a aparentar ser de lo más presentable por fuera, y encontrará buenos arbustos que tapen su pecado, su vergüenza y su dolor. Hay muchas personas a las que vemos con buen aspecto, y que aparentan tener un buen matrimonio, un buen trabajo, ser buenos jefes, ser líderes amorosos... mientras que por dentro sus intenciones son malas y están llenos de robo e injusticia. Mira cómo continúan los versos 27 y 28: *"¡Ay de ustedes, escribas y fariseos hipócritas, pues son como sepulcros blanqueados: hermosos por fuera, pero dentro están llenos de huesos de muertos y podredumbre! Así también son ustedes: por fuera se ven santos, pero bajo la apariencia de piedad hay un corazón manchado de hipocresía y pecado".*

En otras palabras, Jesús nos dice: limpien su interior, saquen todo ese veneno, todo lo que destruye sus mentes y corazones. Vayan a la Palabra y llénense de lo bueno y verdadero. Proverbios 4:23 nos advierte: *"Sobre todas las cosas cuida tu corazón, porque de él brota la vida".* Y Pablo en Filipenses 4:8, nos dice cómo cuidar nuestro corazón: *"...piensen en todo lo que es verdadero, todo lo que es respetable, todo lo justo, todo lo puro, todo lo amable, todo lo que es digno de admiración; piensen en todo lo que se reconoce como virtud o que merezca elogio".* De esta manera nuestra boca hablará vida; hablará palabras que bendicen a otros. ¡Recuerda que somos representantes del Reino de Dios! ¡Somos embajadores de su amor y de su gracia, abrazando a una sociedad rota, a personas rotas y tóxicas que necesitan encontrarse con Jesús para llegar a disfrutar de una vida plena!

ANTES DE ACUSAR, ME EXAMINO

Conversando con una amiga sobre el tema de las personas tóxicas, ella me mostró un video que captó mi atención desde un principio por los conceptos vertidos en el mensaje. Se trataba de un video de Will Smith, quien comenzaba con una afirmación muy interesante. Mira lo que decía en su mensaje: *"Las personas con las que pasas tiempo alentarán o destruirán tus sueños. No todos merecen estar cerca de ti, y tienes que defender tu vida con tu vida".* Como mensaje motivacional me pareció realmente excepcional, porque nos mueve a decir: ¡Tengo que perseguir mis sueños, y no me detendrán! Pero luego, en la vida real, cuando tenemos cerca a esas personas que intentan destruir nuestros sueños porque son personas tóxicas, ¿qué podemos hacer? Pues yo te diré lo que creo que *debemos* hacer. Debemos adoptar la postura de Jesús. Nuestra misión no es hacerlos a un lado, sino llevarlos a que conozcan a Dios y se acerquen a Él, mostrándoles su amor y su gracia para ayudarlos a cambiar.

¿Te imaginas a Jesús dejando a un lado a las personas tóxicas simplemente porque no las soportaba, o porque no agregaban valor a su vida? ¡Probablemente no hubiera tenido doce discípulos! Quizás sí un par... pero ciertamente la Iglesia no sería lo que es hoy. Además de sus discípulos, toda clase de personas se acercaron a Él: prostitutas, cobradores de impuestos, fariseos... y Él nunca los apartó de su lado, sino que con amor y aceptación les mostró el camino a la vida eterna.

Un psicoanalista que fue mi profesor cuando cursaba una maestría, nos decía: "Si usted siente rechazo o se enfurece con alguien, o con una actitud de alguien, es posible que esté reflejando su interior en esa persona, y a quien está viendo es a usted mismo". Este concepto realmente me sorprendió, porque comprendí que si había alguna persona a quien yo rechazaba, era porque tal vez en mi interior yo también estaba guardando algo de eso que me parecía desagradable en el otro.

> *Cuando consideres que alguien es tóxico piensa que probablemente se deba a que algo está mal en su vida (o quizás a que algo está mal en la tuya).*

En la misma línea, una conferencista y autora de libros llamada Mel Robbins, en uno de sus videos decía que antes de referirse a alguien como "tóxico" era importante realizar una introspección para evaluarnos y ver si alguna de sus características se refleja en nuestra vida. Luego ella continuaba explicando lo siguiente: *"Nosotros podemos elegir qué tipo de información y de amigos tenemos, especialmente cuando se trata de actividades online y de personas en las redes sociales. Tenemos el derecho de eliminar, de dejar de seguir a determinadas personas si las consideramos negativas o no positivas, porque de esas actividades nos alimentamos constantemente."* (Hay algo sencillo y práctico que podríamos fácilmente llevar a cabo. Les invito a hacerse esta pregunta: ¿Qué haría Jesús con los comentarios tóxicos online o en las redes sociales? Les dejo la inquietud y seguimos...). Pero luego Robbins planteaba: *"¿Qué haces entonces con tus amigos, con tu familia, con las personas que amas, pero* que sabes que son tóxicas?". (Y yo podría agregar: personas a las cuales lideras, personas en el ministerio y en la iglesia). Lo que ella decía al respecto es que no podemos ignorar a las personas y considerarlas fantasmas; eso sería cobarde de nuestra parte. El reto consiste en que podamos tratar con ellas, lo cual a su vez nos permitirá crecer. Una persona tóxica no nació de esa manera; probablemente, las diferentes circunstancias de la vida la llevaron a eso. De modo que cuando consideres que alguien es tóxico piensa que probablemente se deba a que algo está mal en su vida (o quizás a que algo está mal en la tuya).

En síntesis, antes de etiquetar a alguien como tóxico y alejarnos de él, creo que hay algunas preguntas que deberíamos hacernos:

En primer lugar, ¿qué emociones me provoca? ¿Miedo, preocupación, resentimiento, molestia...? Si lo que sientes es miedo o preocupación por la persona, entonces es momento de mostrarte amigo y tratar de ser accesible para poder ayudarle o darle apoyo. Pero si tus sentimientos son de resentimiento o molestia, entonces debes reflexionar y autoevaluarte para descubrir por qué estás sintiendo eso.

Y así pasamos entonces a la segunda pregunta. ¿Por qué estoy molesto? Estar molesto puede deberse a que quizás en el pasado alguien parecido a esta persona te traicionó, o simplemente a que esta persona no comparte tus valores y principios, y sus comportamientos sobrepasan tus límites. En cualquiera de estos casos, fácilmente podrías decir: ¡desechado de mi vida! Pero espera. Hay algo para aprender aquí. Es posible que haya personas que captan nuestra atención con alguna actitud que nos inquieta, y que lo que ello provoque sea precisamente lo que nosotros necesitamos como ayuda para sanar nuestro propio interior. Parece increíble, pero como vimos antes, también puede ser que el juicio, la molestia o el rechazo que sientes sean provocados por algo tóxico que hay dentro de ti. Por eso, antes de apartarte de la persona, revisa tu interior. Tal vez encuentres algo que debes solucionar, y este descubrimiento pueda ser de provecho para ambos. Porque una amistad o una relación es un "dame y te doy", y si le vuelves la espalda a esta persona no habrás dado lo suficiente. (Recuerda lo que Jesús hizo por ti). Por otra parte, si no te alejas pero tampoco logras ayudar a la persona a cambiar, entonces debes tener en cuenta que ese mismo comportamiento que te molesta, ya sea de tu amigo o de un familiar, puede repetirse en el futuro, ya que se trata de patrones cíclicos. Por eso lo ideal sería acompañar al otro para ayudarle a remplazar esos patrones tóxicos por nuevos patrones saludables.

En todo caso, cuando te encuentres con alguien tóxico, lo importante es que, antes de hacer cualquier otra cosa, hagas una pausa y reflexiones sobre ti mismo. Ese es el trabajo que debes realizar para convertirte en un mejor amigo para las personas y en un mejor discípulo de Jesús. Las personas no necesitan más gente que los esté juzgando, sino más líderes conscientes y amorosos, deseosos de acercarlos a la gracia y al amor de Dios.

CAPÍTULO 3

Un modelo para liderar gente rota

"Y pronto comenzaron a llegar otros también: los que tenían algún tipo de problema o deudas, o los que simplemente estaban descontentos, hasta que David se encontró al frente de unos cuatrocientos hombres".

1 Samuel 22:2

En el libro *Las 21 leyes irrefutables del liderazgo* de John C. Maxwell, más específicamente en la novena ley, que se denomina "Ley del magnetismo", el autor menciona que un líder solo atraerá a aquellas personas que se parecen a él o a ella. Dicho de otro modo, que las personas que son como tú, te buscarán. [6]

Dios desea redimir nuestro pasado y usarlo como testimonio para que muchos puedan darle gloria al reconocer su amor y su poder para cambiar vidas.

Esto hace que valga la pena plantearnos: ¿qué tipo de personas atraemos a nuestra vida? Seguramente alguna vez te has preguntado por qué, curiosamente, muchas de las personas que te rodean tienen tanto en común. O tal vez hayas sentido, como he sentido yo en algunas ocasiones al estar aconsejando o hablando con alguien de la iglesia sobre sus errores o fracasos, que pareciera que esta persona estuviera repitiendo tu propia historia. Creo que esto tiene que ver con el hecho de que Dios desea redimir nuestro pasado, con todas las heridas, errores, fracasos y situaciones complejas que nos ha tocado vivir, y usarlo como testimonio para que muchos puedan darle gloria al reconocer su amor y su poder para cambiar vidas.

La Biblia nos relata que en un tiempo hubo una persona rota en la cueva de Adulam, y éste era David. Un hombre perseguido, desanimado y afligido, aun cuando en realidad era el ungido de Dios. Su situación no era precisamente próspera ni esplendorosa. Estaba exiliado de su tierra porque el rey Saúl lo perseguía para matarlo. Lo curioso es que, estando en esa cueva, se corrió la voz y llegaron a él muchos hombres que no eran de los más fuertes, ni de los más adinerados, ni de los que más influencia política tenían, ni de aquellos que vivían felices. No. Los que llegaron para ser liderados por David eran los que en ese momento también estaban rotos, descontentos y endeudados. David fue una persona rota ayudando a otras personas rotas. Tal vez es lo que muchas veces en el liderazgo olvidamos pero, al fin y al cabo, todos hemos estado en esa situación. Sin embargo, cuando llegamos a un cierto nivel de influencia, no guardamos en la memoria el proceso que vivimos anteriormente, y pareciera que al haber alcanzado determinado "status" podemos olvidarnos de la gracia y del amor de Dios, que nos rescató cuando nosotros también éramos personas rotas.

Dios quiere que todos le conozcamos cada vez más y mejor, y que crezcamos en madurez a la imagen de su Hijo. Él quiere restaurarnos, pero son muchas las circunstancias que pueden frenar o incluso impedir este proceso. Los motivos que llevaron a ese estado a los hombres que se unieron a David, que en ese momento estaba tan roto como ellos, probablemente fueran los mismos que siguen repitiéndose en nosotros hasta el día de hoy:

1.Falta de identidad. Esto hace que muchas veces nos preguntemos: ¿Quién soy? ¿De dónde vengo? ¿Quién me creó? ¿Soy un hijo amado? ¿Cuál es el propósito de mi vida? Estas y muchas otras preguntas ponen en evidencia que tenemos dudas sobre nuestra identidad. El mundo entero es hoy una gran cueva de Adulam, llena de personas con falta de identidad. Y para ser francos, esto incluye también a los que asisten a la iglesia, y con mayor razón aún, porque de alguna forma la iglesia se podría considerar un hospital para rotos. Todos somos gente rota y necesitada del amor de Dios.

2. Temores. Hoy más que nunca la sociedad vive con toda clase de temores: a la delincuencia, a la falta de trabajo, a la enfermedad, al futuro... Podríamos hacer un listado muy largo sobre las cosas a las que la gente le teme.

3. Frustración. En la actualidad, ante la pérdida de valores, estamos más expuestos que nunca a experimentar una traición. Por eso, es común que suframos la frustración que producen las relaciones rotas, ya sea en familias disfuncionales, hijos traicionados, padres abandonados, amigos que terminan aprovechándose de la confianza, o líderes manipuladores.

4. Agotamiento. Estamos agotados porque vivimos día tras día atrapados en un ciclo repetitivo y vicioso de actividades, tareas, transacciones y obligaciones. Estamos desfalleciendo, tanto físicamente como emocional y espiritualmente. Por algo Jesús dijo: "Vengan a mí los que estén cansados y afligidos y yo los haré descansar" (Mateo 11:28). ¡Y cuidado, porque esto se aplica también al agotamiento por el afán ministerial!

5. Fracaso. ¿Cuántas veces hemos fallado? ¿Cuántas veces hubiéramos querido poder retroceder en el tiempo y corregir los errores? Un fracaso nos puede haber torcido la vida, el matrimonio, el negocio, el ministerio, una amistad... Y podríamos escribir libros enteros sobre los fracasos de cada uno de nosotros en esta vida.

A cualquier lado que miremos, veremos que todos hemos pasado por varias de esas situaciones que traen como consecuencia que estemos rotos. Algunos dirán: "¿Entonces, hay esperanza?". Y la respuesta es: "¡Sí!". Un "sí" contundente, porque la solución siempre ha sido, es y será Jesús. Y Él nos enseñó un modelo que hoy es replicable, cercano y de inmediata aplicación.

LA PALABRA R.O.T.A.: UN MODELO PARA LIDERAR A LAS PERSONAS

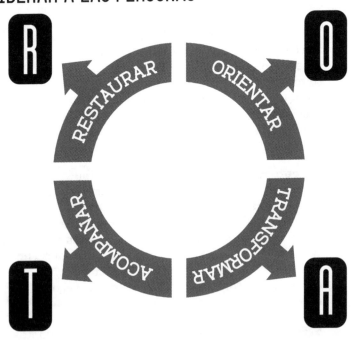

FUENTE: DISEÑO PROPIO

JESÚS VINO A:

1. Restaurar

Si recuerdas la historia del Génesis, sabrás que desde un principio Dios estuvo dispuesto a restaurar su relación con Adán, relación que se había dañado a causa de la desobediencia. Pero ya vimos antes por qué no le permitió a Adán permanecer en el jardín del Edén. Eso también fue una muestra del amor de Dios, quien lo hizo para evitar que Adán comiera del árbol de la vida y viviera por la eternidad separado de su Creador. Sin embargo, por causa del pecado, ahora la humanidad iba a tener que esperar que se cumpliera el plan de redención. Este plan se cumplió finalmente en la cruz de Jesús, y gracias a Él hoy podemos disfrutar de una relación con Dios restaurada, lo que a su vez hace posible que sea restaurada toda nuestra vida.

Existe una técnica japonesa llamada Kintsugi (que significa "carpintería de oro") con la cual se reparan los jarrones rotos empleando un barniz mezclado con polvo de oro. De esta manera, esos jarrones se convierten en piezas, no solo restauradas, sino además embellecidas por el proceso de restauración. Creo que esto se parece mucho al proceso de restauración que Dios quiere llevar a cabo en nuestras vidas rotas. Como lo expresa Pedro: *"Y después que ustedes hayan sufrido por un poco de tiempo, Dios mismo los restaurará, los hará fuertes, firmes, y les dará seguridad"* (1 Pedro 5:10). Dios no solo quiere restaurarnos sino también, por medio del proceso de restauración, hacernos fuertes, firmes, y darnos la seguridad que necesitamos para cumplir con sus propósitos para nuestra vida.

2. Orientar (guiar o cambiar nuestro destino)

La única forma de llegar a un lugar determinado es estando orientados de la manera correcta. Orientar nuestra vida implica colocarnos en una posición determinada y con una dirección determinada, para poder llegar al punto de destino. Toda la humanidad estaba condenada a la muerte eterna, pero Jesús, al restaurarnos, nos dio una nueva identidad y "reinició" nuestra programación original para orientarnos hacia la eternidad. De nada serviría que nos sanara, que nos reparara o que nos afirmara en nuestra identidad, si después fuéramos a perdernos de la eternidad con Dios. Jesús vino para pagar el precio por nuestros pecados y también para ser la guía que el mundo roto necesitaba.

> *Jesús vino para pagar el precio por nuestros pecados y también para ser la guía que el mundo roto necesitaba.*

Para llegar a un destino también necesitamos una ruta, un camino, y eso es otra cosa que Jesús nos da. Él mismo dijo: *"Yo soy el camino, la verdad y la vida. Nadie puede llegar al Padre si no es por mí"* (Juan 14:6).

Nuestro destino es la eternidad, y al ser restaurada nuestra relación con Dios, puede ser restaurada nuestra vida entera para permitir que nos orientemos hacia ese destino. Y mientras esperamos ese día glorioso, mientras permanecemos aquí en la tierra, también recibimos de Dios guía y orientación por medio del Espíritu Santo quien, como dijo Jesús, nos guía a toda la verdad (Juan 16:13).

Dios nos restaura, nos orienta y nos guía de manera constante. Nosotros, como hijos buenos, debemos estar dispuestos a madurar, a crecer y a aprender, pero sobre todo a ser trasformados.

3. Transformar

El ejemplo más claro de que nuestra manera de ser, actuar o pensar tiene que cambiar es la misma metamorfosis que sufre la oruga para convertirse en mariposa. La oruga jamás podría volar si no fuera transformada, así como nosotros no podemos tener plenitud de vida si no somos transformados. Esto es así porque el proceso de transformación cambia nuestra naturaleza vieja, pecaminosa, y nos hace hijos con una mentalidad nueva y con una identidad clara, para que vivamos unidos a nuestro Señor (Romanos 6:11). En esto también hay algo muy importante que Pablo nos recuerda en Romanos 12:2, y es que para poder experimentar esa transformación debemos cuidar de no amoldarnos al mundo en cuanto a la forma de pensar, de actuar y de vivir, para que podamos ir descubriendo lo que es lo bueno, agradable y perfecto para nuestra vida.

4. Acompañar

Ya hemos visto en el modelo que Dios quiere restaurarnos, orientarnos y transformarnos. Ahora viene la última parte, que es fundamental para la tarea de liderar gente rota, y es la parte que nos habla de acompañar.

¿Recuerdas cuáles fueron las últimas palabras de Jesús cuando les encargó "la gran comisión" a sus discípulos? Él les dijo: "...estaré con ustedes siempre, hasta el fin del mundo" (Mateo 28:20). Esto tiene que ver con acompañar, concepto que está muy relacionado también con la compasión. Es curioso que en la Biblia se habla mucho acerca del liderazgo, pero sin embargo no encontramos en ella la palabra específica "liderazgo". En cambio, sí encontramos muchos conceptos que pueden aplicarse al liderazgo, y uno que me ha cautivado sobremanera es la palabra "compasión". ¡Esta palabra aparece más de ciento ochenta veces en la Biblia! Cuando uno escucha la palabra "compasión", le viene a la mente la idea de sentir lástima por alguien, de ayudar al necesitado, o de alguna forma brindar un recurso a alguien que no tiene la capacidad de hacerlo por sí mismo. Y en efecto, cuando me tomé la tarea de buscar el significado de la palabra "compasión", encontré diversas acepciones relacionadas con esta idea de lástima, empatía, misericordia, ayuda solidaria y apoyo a otros. Sin embargo, lo que me sorprendió fue encontrar que la palabra compasión "proviene del término latino *cumpassio* que significa 'acompañar'. Esto quiere decir que la compasión marca una diferencia con otros sentimientos, ya que lo que tiene de particular es que la persona que siente compasión no necesariamente sufre igual que aquella que realmente sí está sufriendo, pero el hecho de ver al otro en una situación de dolor, angustia, temor o desesperanza es lo que lo marca". [7]

Todos sabemos que Dios tuvo compasión de la humanidad, pero a mí me costaba creer que esa compasión tuviera una connotación de lástima, al menos no en su praxis, porque lo que Dios hizo, lo hizo por amor. Al entender mejor la palabra compasión, finalmente entendí que lo que Él aplicaba era un liderazgo compasivo, un liderazgo de acompañamiento. Al interpretar de esta manera la compasión, como algo enfocado en acompañar, en tener un seguimiento, en estar pendiente de la persona que acompañamos, surge un nuevo concepto, necesario y poderoso. A través de este modelo se llega a disfrutar desde otra perspectiva el amor de Dios, y eso nos capacita para trasladar esa experiencia a nuestro liderazgo y a nuestro entorno en general. Este modelo para liderar gente rota acompañándola con un liderazgo compasivo como lo hizo Jesús, nos permite descubrir un nuevo aspecto de ese Dios que tiene compasión de nosotros, al entender el concepto de compasión de una manera distinta a la que conocíamos. Es un concepto valiente que hoy resulta imprescindible ejercitar frente a una humanidad tan necesitada de líderes genuinos y comprometidos.

Espero que disfrutes de los siguientes capítulos de este libro a medida que vamos descubriendo cómo Dios, que sabe cuán desesperadamente necesitada de líderes compasivos se encuentra la generación de hoy, nos muestra su esencia de amor y compasión para que podamos replicarla en nuestras relaciones, en nuestros ministerios y en nuestras iglesias.

PARTE II

CAPÍTULO 4

Liderazgo compasivo

"Cuando Jesús bajó de la barca, vio la gran cantidad de gente que se había reunido y les tuvo compasión, porque parecían ovejas sin pastor. Entonces empezó a enseñarles muchas cosas".

Marcos 6:34 TLA

"La verdadera compasión es más que arrojar una moneda a un mendigo; no es casual ni superficial la verdadera compasión. Se trata de ver que un edificio que produce mendigos necesita una reestructuración".

Martin Luther King

De alguna manera, la compasión es lo que le permite al ser humano dejar de pensar en sí mismo y comenzar a pensar en otros. Una persona que siente compasión es capaz de sufrir aun cuando el sufrimiento no es propio, o no le toca directamente, porque puede sentir lo duro o difícil que es el sufrimiento del otro.

Al conversar sobre estos temas con un amigo y compañero de equipo que es teólogo, descubrí un poco más acerca de la palabra "compasión". Te comparto aquí lo que me explicara mi amigo, y luego veremos cómo, al entender mejor este concepto, somos desafiados a que nuestro liderazgo sea más entregado y comprometido con la humanidad rota.

Esto fue lo que él me dijo:

"Es importante la lectura de los evangelios como relatos que desbordan de manera llana la tarea de Jesús en cuanto profeta itinerante que recorre el espacio geográfico comprendido entre Galilea, Samaria y Judea. Es indudable que Jesús está interesado por las personas más que por sí mismo y por su propia divinidad. El hombre es criatura suya y no puede mostrarse indiferente ni voltear su rostro evitando ver el sufrimiento y decadencia de la raza humana. Jesús encarna de manera plena la misericordia de Dios, y esto es posible por cuanto Él mismo ha visto y entiende el corazón del Padre. No cualquier padre, sino uno cercano y entrañable, a quien Él llama Abba.

Jesús usa esta misma expresión, cuya incidencia es significativa, en Lucas 6:36: 'Ustedes sean compasivos, así como su Padre es compasivo'. El punto estriba en que, hasta este momento, la enseñanza del templo y de la sinagoga pendía de la tradición asentada sobre textos como Levítico 11 o 19, en los cuales el llamado a la 'santidad' había desfigurado la naturaleza de Dios por medio de las prácticas externas y la religiosidad alrededor del templo. En Salmos 103:8 el escritor recita 'El Señor es misericordioso y compasivo', empleando aquí una raíz de un vocablo hebreo muy antiguo (rajum) que denota misericordia y compasión profundas. Es una imagen que remite al cuidado y protección de una madre a la criatura que lleva en sus entrañas.

Esto implica que el acto de compasión cobra sentido cuando no se trata tan solo de existir sino de estar. Estar y acompañar a los demás es importante, por cuanto la vida no se realiza en soledad, y la característica principal del amor extremo de Dios hacia su creación radica en que esa comunicación plena con su creación se hace posible mediante la encarnación de su Hijo en la naturaleza humana.

A Dios no le es suficiente hablar tras las cortinas, y la presencia humana de su Hijo en la tierra es el culmen de Su Historia que se hace una con la historia humana. Dios acompaña a su pueblo desde antiguo, pero con la manifestación de sí mismo en la persona de su Hijo se reduce a sí mismo y asume la condición plena y total del hombre, de manera que en carne propia experimenta y se apropia de las alegrías, los pesares, las congojas y el sufrimiento de la humanidad entera. De esta manera, Dios no demanda nada de la humanidad que Él mismo no haya hecho antes. Por eso decimos que el ejercicio de la compasión solo es realizable mediante el acompañamiento de la vida misma de nuestros semejantes.

El Dios al que Jesús muestra no es indiferente, lejano ni ajeno a sus criaturas. En el centro de su experiencia personal de Dios no hay un legislador justiciero y airado. Jesús conoce bien al Padre, y nos dice que Dios es misericordioso y compasivo.

La misericordia no es una actividad de Dios, ni una característica de Dios, sino el ser de Dios mismo. Y todas sus acciones a lo largo de la historia, incluyendo la vida y muerte de Jesús, son una prueba de esto".

Volviendo al tema de este libro, yo estoy convencido de que Dios anhela que conozcamos de una manera práctica su modelo de liderazgo compasivo para que estemos en condiciones de acompañar mejor a esta humanidad rota. Creo que nos presenta este desafío en su afán de equiparnos para cumplir su comisión y ser embajadores y representantes de su Reino en la tierra. Y como estos conceptos no sirven de nada a menos que los pongamos en práctica en nuestras propias vidas y ministerios, te propongo hacer, cada tanto, una pausa en la lectura, y tomarte un momento para reflexionar y para encontrar oportunidades de mejorar en tu liderazgo. Con el fin de ayudarte en esto, incluiré en el texto, cada vez que sea oportuno, algunas preguntas que puedan servirte como guía. También pueden ser usadas como preguntas de estudio o de debate, si es que estás leyendo este libro con un grupo de personas.

VER EL CORAZÓN

"...vio la gran cantidad de gente que se había reunido...".

El pasaje bíblico que encabeza este capítulo siempre me ha cautivado, porque revela en todo su esplendor el hecho de que Jesús tenía clara su misión, y de que a pesar de cualquier adversidad que tuviera que atravesar, nada le impediría completarla. En los versículos previos a este pasaje, el evangelio nos dice que antes de encontrarse con la multitud, a Jesús le habían anunciado que Juan el Bautista había sido decapitado por orden del rey. ¿Cómo te sentirías si alguien cercano a tu ministerio muriera de esta forma? Por supuesto que estarías triste. ¿Y si además se tratara de un familiar tuyo? Juan no solo era un familiar muy cercano de Jesús, sino que también era casi de su misma edad. Un acontecimiento como este, sin lugar a dudas generaría un vacío en el corazón de cualquier persona. ¿Cómo piensas que se encontraría Jesús en esos momentos? Probablemente se sentiría triste, nostálgico y necesitando tal vez de un espacio para orar y meditar con Dios el Padre sobre lo sucedido. Tal vez por eso es que decide ir con los discípulos a un lugar tranquilo. Pero la Biblia nos relata que, yendo en la barca, cuando ya estaba llegando al otro lado, una multitud lo estaba esperando. Lo que me emociona aquí es su reacción. Mientras muchos de nosotros nos encontraríamos en un estado de introspección, lamentándonos, buscando que nos consuelen a nosotros y que todas las miradas estén sobre nosotros, Jesús marca la diferencia y nos demuestra que su amor por la humanidad rota es tan grande que está siempre dispuesto a servir y a entregarse a los demás.

Jesús fue el líder compasivo por excelencia, y este relato nos invita a que, como líderes, tengamos la capacidad de ver, observar y mantener siempre atenta nuestra visión espiritual. Es probable que nosotros mismos estemos pasando por una situación difícil, pero aun así debemos estar siempre dispuestos a mirar a los demás con la mirada de Jesús.

Jesús podría haber dicho "Estoy cansado, los atiendo luego", pero su disposición al mirar a las personas que se habían reunido no fue solo ver una a multitud sino observar los corazones de cada una de ellas.

¿Cuántas veces solo vemos a la gente de manera superficial? Usualmente nosotros preguntamos: "¿Cómo estás?", y la respuesta clásica de las personas es: "¡Bien, gracias!". Con esta respuesta nos sentimos satisfechos y sentimos que podemos decir: "Ya cumplí, soy un buen líder, le pregunté y me dijo que estaba bien". Pero la verdad es que no escuchamos su corazón. No miramos sus ojos, que son las ventanas del alma y pueden decirnos mucho más.

En los últimos meses he pasado tiempo con un grupo de amigos, estando con ellos y acompañándolos. Cuando comenzamos a conversar, una de mis preguntas era: "¿Cómo estás?". La primera respuesta de todos fue la tradicional. "Bien, gracias", me dijeron. Luego le pregunté a uno de ellos directamente: "¿Cómo estás tú?". Entonces comenzó a compartir conmigo algunos detalles. Pero yo sabía que podíamos profundizar un poco más, por lo cual le pregunté más seriamente: "Pero realmente, ¿cómo estás?". Permaneció un momento en silencio, y luego comenzó a compartir conmigo cosas que nunca hubiera descubierto si me hubiera quedado con la primera respuesta.

Como líderes casi siempre estamos pensando en el siguiente paso, en la meta, en el objetivo, pero Jesús nos enseña que hay que tomarse el tiempo para llegar a ver los corazones de las personas.

Como líderes casi siempre estamos pensando en el siguiente paso, en la meta, en el objetivo, pero Jesús nos enseña que hay que tomarse el tiempo para llegar a ver los corazones de las personas. Tenemos que conocer sus necesidades, sus preocupaciones, sus intereses, sus quebrantos, sus problemas y sus necesidades, si queremos ser líderes que puedan acompañarlos en su caminar. La compasión es paciente, y esto toma su tiempo. Puede ser que tengamos que preguntar más de una vez hasta llegar al interior de las personas, pero debemos estar dispuestos a invertir el tiempo que sea necesario si queremos ser fieles colaboradores de Dios en la tarea de transformar vidas.

PREGUNTAS PARA REFLEXIONAR

1. ¿Cuán atento sientes que estás a las necesidades de las personas?

2. ¿Perciben las personas que te interesan sus problemas y necesidades, o solo las tratas superficialmente?

3. ¿Cuántas personas te buscan para que las acompañes en su caminar cristiano?

4. En una escala del 1 al 10, ¿cuánta sensibilidad dirías que tienes con respecto a las personas? ¿Por qué?

ACOMPAÑAMIENTO

"... y les tuvo compasión...".

Nuevamente debemos tener claro que compasión no es sinónimo de lástima. Cuando se nos dice que Jesús les tuvo compasión, en el contexto del liderazgo compasivo esto significa que Jesús se sintió movido a acompañarlos, que quería estar con ellos. Él deseaba ser su pastor, estar con ellos en las buenas y en las malas, para sacarlos adelante. Quería que aprendieran de Él todo lo que pudieran, estando junto a ellos en ese proceso. En este sentido, la compasión se refiere a un sentimiento movilizador para un liderazgo cercano. Un liderazgo de acompañamiento e influencia a partir de una relación.

Como líder, seguramente tú ya sabes que acompañar a una persona requiere tiempo, que debes invertir horas, días, semanas o quizás meses. Esto a veces se contrapone con la tendencia actual a fijarnos metas y objetivos en función de los números, de la cantidad. El objetivo de Jesús era mostrarnos que debemos llegar al corazón de una persona a la vez. Es obvio que no tenemos la capacidad de Jesús ni del Espíritu Santo de estar simultáneamente con varias personas y en varios lugares al mismo tiempo, pero si logramos ser ese líder que acompaña y cumple en cubrir las necesidades de una persona, nuestra tarea puede multiplicarse a lo largo del tiempo, al formar a otros para que sigan replicando el modelo que Jesús nos enseñó. Es decir que, si bien no podemos estar presentes físicamente en más de un lugar a la vez, sí podemos extender nuestro liderazgo al ir multiplicando a los mentores por etapas.

Otro punto importante es observar que el liderazgo compasivo de Jesús busca acompañarnos en cada una de las etapas de nuestra vida. Es por ello que es tan importante cuidar las transiciones. Tal como se plantea con énfasis en el libro *Liderazgo Generacional* del Dr. Lucas Leys, las etapas en las que estamos llamados a acompañar se inician con la niñez, y a partir de allí continúan con la adolescencia, la juventud y la adultez, hasta que nos encontremos con Él. Esto también nos invita a que formemos equipos preparados para acompañar de manera compasiva a las personas en cada momento de sus vidas. [8]

PREGUNTAS PARA REFLEXIONAR

1. ¿En qué etapas de tu vida piensas que Jesús te ha acompañado?

2. ¿En qué momentos consideras que Jesús ha estado contigo de una manera especial? Intenta pensar en algunas situaciones específicas.

3. ¿Cuántas veces has acompañado a alguien en alguna etapa de su vida?

4. Piensa en dos personas... ¿que podrías hacer hoy por ellos?

5. ¿Cómo podrías acompañar a otros de la manera que lo hizo Jesús?

SER CERCANO

"...porque parecían ovejas sin pastor...".

¿Por qué piensas que dice el texto que parecían ovejas sin pastor? Considerando que eran muchos y que se veía que estaban en grupos, pensaríamos que las personas no estaban solas... ¿o sí? La respuesta está en que Jesús no veía solo a las personas. Él veía los corazones. Y así como veía que muchos de ellos buscaban sanidad física, emocional e incluso espiritual, Él también sabía si esas personas, en su interior, se sentían solas, tristes, lastimadas, enfermas, desamparadas, desorientadas, con hambre y sed, sin visión, con necesidades espirituales, vacías... Él sabía que todos ellos necesitaban recibir cuidado y contención... ¡Todos ellos necesitaban una relación personal con Dios!

Ahora te pregunto, ¿cómo están tus grupos? ¿Cómo están las personas, y especialmente los jóvenes, en tu iglesia (y fuera de ella)? ¿Consideras que tienen algunas necesidades similares a las de las multitudes que se acercaban a Jesús? Probablemente respondas que sí. El problema es que hoy nos ocupamos mucho más de las actividades y de los eventos que de las personas. ¡No se trata de los eventos, la Iglesia no está en los templos, y los grandes invitados no deben ser el centro de nuestra estrategia ministerial! Todo se trata de las personas, de trabajar por y para las personas.

Lo que Jesús vino a enseñarnos sigue vigente porque el mundo sigue siendo el mismo, y nuestra responsabilidad como líderes es estar atentos, al igual que Él, a brindar ese acompañamiento que las personas necesitan hoy.

Siempre las personas deben estar primero, ¡porque todos somos como ovejas sin pastor! En algún momento de nuestra vida, todos necesitamos una ayuda, un consejo, o un hombro en donde apoyarnos para llorar. Por supuesto que cuando una persona reconoce que Jesús es su Pastor, disfruta de su compañía y sabe que Él está acompañándola siempre. Pero como líderes, tenemos que estar también nosotros allí, cercanos, en el acompañamiento de nuestra gente, de nuestros colaboradores y, por supuesto, de nuestras familias.

Jesús siempre está dispuesto a acompañar a quienes lo necesiten, y nosotros también debemos tener en todo momento esa disposición.

PREGUNTAS PARA REFLEXIONAR

1. ¿En alguna etapa de tu vida te sentiste desorientado? ¿Cuándo o en qué situación?

2. ¿Quiénes, de entre los miembros de tu grupo o iglesia, colaboradores, colegas o amigos, pueden encontrarse hoy en esa misma situación?

3. Describe qué acciones podría tomar en este caso una persona que ejerce el liderazgo compasivo.

EN CADA ETAPA

"...Entonces empezó a enseñarles muchas cosas...".

¿Cómo te sentirías si un experto en cada una de las áreas de tu vida te dijera: "¡Oye, quiero enseñarte todo lo que sé!"? ¿No sería eso excelente? ¡Por supuesto que sí! Todos queremos aprender de los expertos. Por ejemplo, ¿qué tal si tu quisieras emprender un negocio utilizando las redes sociales y de pronto Mark Zuckerberg te hiciera llegar una carta poniéndose a tu disposición con todo su equipo y sus recursos para darte consejos, ideas, apoyo y acompañamiento? ¡¡Increíble!! Brincarías de alegría, porque uno de los creadores y fundadores de Facebook se estaría ofreciendo para ayudarte a iniciar tu negocio. ¿Y cómo crees que te iría? Sin duda muy bien, porque no tendrías limitaciones de recursos y además con semejante ayuda sería casi imposible que fracasaras.

Pues salvando las distancias, eso es exactamente lo que recibimos de Jesús. Él quiere acompañarnos y brindarnos todos sus recursos, todo lo que pueda hacer falta para que dispongamos de lo necesario en cada etapa de nuestra vida, sin limitaciones y sin reservas. Como ves, la compasión y el acompañamiento de Jesús no solo te da lo que necesitas sino que te da más. Jesús te colma de recursos, porque al sentir como propia tu necesidad, asume el compromiso de dar con un amor sin medida.

Cuando Jesús dice "quiero enseñarles muchas cosas", su intención es que en todo seamos prosperados: en nuestra familia, en el trabajo, en nuestras relaciones... Quiere que aprendamos de Él cómo liberarnos del pasado, para poder vivir nuestro presente como un regalo que nos permita desarrollar mejor nuestro futuro.

Jesús desea formar parte de cada uno de los aspectos de nuestra vida. El liderazgo compasivo que Él modeló no consiste solamente en estar presentes para ayudar a una persona a salir de un problema, sino también en acompañarla en su proceso de restauración y luego orientarla, enseñándole lo necesario para que pueda cumplir los propósitos que Dios planeó para su vida.

PREGUNTAS PARA REFLEXIONAR

1. ¿En qué área de tu vida necesitas que Dios te enseñe más cosas?

2. ¿Qué disposición tienes para aprender algo nuevo? ¿Por qué?

3. ¿Qué crees que es lo que más necesita aprender actualmente nuestra sociedad?

4. ¿Cuáles son los temas sobre los que más necesitan aprender las personas que tú lideras? ¿Qué puedes hacer tú al respecto?

RECUERDA...

• La compasión no significa tener lástima sino que puede resumirse como el deseo de brindar nuestra compañía a las personas en cada área de sus vidas. Esto requiere que estemos dispuestos a invertir tiempo en las personas.

• Todos, sin excepción, necesitamos compasión. No hay nada más lindo y placentero que saber que hay alguien cuidando de ti, alguien pendiente de tu vida, de lo que te pasa, de lo que sientes. Dios nos acompaña en cada etapa de nuestra existencia, y nosotros, cuando lideramos, debemos imitar ese modelo.

• Es importante revisar nuestra forma de liderazgo y a las personas que tenemos cerca, para determinar cuán compasivos estamos siendo. Es decir, evaluar qué tan pendientes estamos de sus vidas y cuánto conocemos realmente sobre cómo está cada uno.

• Dios espera que imitemos el modelo de Jesús. Es un reto y, si te animas a tomarlo, puedes llegar a impactar de una manera que ni te imaginas en las vidas de las personas, simplemente por haber estado capacitado y dispuesto a ejercer un liderazgo compasivo a la manera de Jesús.

CAPÍTULO 5

Gente sin líder

"Y al ver la gran cantidad de gente que lo seguía, Jesús sintió mucha compasión, porque vio que era gente confundida, que no tenía quien la defendiera. ¡Parecían un rebaño de ovejas sin pastor!"

Mateo 9:36 TLA

En una época en la que los *influencers*, *youtubers* e *instagramers* han tomado un gran auge y crecimiento (tanto que algunos de nuestros jóvenes han pensado dedicarse a eso como profesión), la pregunta es: ¿por qué sucede esto? ¿Por qué hay en internet personas que tienen millones de "seguidores"? Además del desarrollo vertiginoso de las redes sociales en esta "era digital", creo sin temor a equivocarme que esto sucede porque las personas, especialmente los jóvenes, están buscando modelos. Están buscando alguien a quien seguir, alguien a quien imitar. Y también son muchos los que buscan que alguien les diga qué hacer ante cada situación que se les presenta: cómo terminar una relación, cuándo viajar y a dónde, a qué restaurantes ir, cómo actuar cuando les gusta un chico o una chica... Hoy, con tantas opciones disponibles en internet, siempre podrás encontrar alguien que tiene los tres tips, los cinco consejos, o las diez claves para solucionar tu vida.

Pero la gente, en el fondo, sigue sin un líder, sigue rota, porque una cosa es escuchar de parte de un *youtuber* un consejo que bien puede ser interesante o de apoyo, pero que proviene de una persona cuyo interés probablemente esté puesto más en las vistas, en los "likes" o en la cantidad de suscriptores que en proporcionarte una verdadera ayuda. Lamentablemente, creo que aun dentro de las iglesias tenemos mucha gente que está sin un líder, sin ese acompañamiento que le brinde el apoyo necesario en cada etapa de su vida.

Por eso, el reto para nuestro liderazgo es volvernos cada día más compasivos y más dispuestos a ver a esas personas que están buscando una guía. Niños, adolescentes, jóvenes, adultos, adultos mayores... que cada uno de ellos pueda encontrar en la iglesia la respuesta a sus necesidades en cada una de las etapas que atraviesen.

¿QUIÉNES TE SIGUEN?

"Y al ver la gran cantidad de gente que lo seguía...".

Pareciera algo trivial, pero el liderazgo se define por el hecho de tener seguidores. Los líderes siempre deben buscar que haya personas que los sigan. Cómo diría John C. Maxwell, "si no hay alguien que te siga, entonces solo estás dando un paseo". Pero atención, porque no es la cantidad necesariamente la que debe motivarnos, sino el hecho de que nuestro trabajo y nuestras acciones estén siendo de impacto en la vida de las personas. Si así no fuera, probablemente solo estaríamos teniendo la ilusión de que ejercemos una influencia sobre un grupo de personas. Pero si no se produce ningún cambio en nuestros seguidores, las personas seguirán estando rotas. En grupos, pero rotas.

La gente que seguía a Jesús lo hacía porque encontraba en su liderazgo algo esencial, que era una esperanza, una visión y un destino prometedor. Eso mismo es lo que hoy las personas siguen buscando y necesitando: ser orientadas y dirigidas con amor. El liderazgo cada vez escasea más, y no hay muchos que estén dispuestos a tomar ese compromiso de buscar seguidores necesitados de sanar y restaurar sus vidas.

Cada vez menos personas están dispuestas a responder al llamado de servir a otros de una manera cercana como lo hizo Jesús.

Una vez escuché decir a alguien que el ministerio es maravilloso y emocionante hasta el momento en que tienes que involucrar a las personas. Quizás esto se deba a que las emociones, las actitudes e incluso las reacciones pueden ser tan diferentes, que es todo un desafío el tener que interactuar con quienes necesitan ser acompañados y ayudados en su caminar. Como consecuencia, la Iglesia y los ministerios se han visto impactados negativamente porque cada vez menos personas están dispuestas a responder al llamado de servir a otros de una manera cercana como lo hizo Jesús.

PREGUNTAS PARA REFLEXIONAR

1. ¿Por qué la gente busca a los líderes?

2. ¿Cuántas personas dirías que te están "siguiendo" en este momento?

3. ¿Cuál crees que es un número aceptable para definir qué tan buen líder eres?

4. ¿Qué cosas crees que podrías cambiar o mejorar para que más gente te siga?

SENTIR

"...Jesús sintió...".

Nuestro liderazgo no solo se define por la cantidad de personas que nos siguen. Jesús, aun siendo Dios, por su humanidad pudo sentir y comprender lo que cada persona estaba atravesando y qué estaba sintiendo en ese momento. Nosotros como líderes debemos procurar desarrollar cada vez más esa habilidad para conectarnos con las personas, no solo con compasión sino también con empatía.

Es probable que debido a todas las tareas que nos insumen tiempo, nuestra sensibilidad hacia lo que les sucede a las personas a nuestro alrededor no esté siendo lo que debería ser. Estamos tan absorbidos por las actividades, los eventos e incluso por la mayordomía de los ingresos en general, que perdemos de vista a las personas. No estoy diciendo que esas actividades no sean importantes, ya que incluso podemos considerarlas como un eslabón clave en el desempeño y buen funcionamiento de una organización. Pero debemos recordar que todo debe hacerse sin dejar de estar atentos a los sentimientos y las necesidades de las personas, siendo conscientes de la vulnerabilidad de los seres humanos que nos rodean y a quienes tenemos que acompañar.

Durante un retiro de Especialidades 625 del cual participé, escuché a Rich Brown relatar una anécdota que había tenido lugar durante un paseo familiar. En un momento de distracción, la niña más pequeña se les extravió. Rich nos contaba que durante todo el tiempo en que la niña seguía sin aparecer, el rostro de su esposa estuvo desfigurado por la preocupación y la desesperación de lograr encontrar a su hija. La angustia y la aflicción provocadas por una hija perdida habían transformado su semblante. Al cabo de unos minutos encontraron a la niña, y entonces el rostro de su esposa comenzó a volver a la normalidad. A continuación, Rich nos preguntó: "¿Cuándo fue la última vez que tu angustia, que tu necesidad de buscar al perdido (o al que está roto) fue tan grande que tu rostro se desfiguró por la ansiedad de encontrarlo, porquete dolía esa separación?". Sabemos que a Dios esta separación le dolía tanto que decidió enviar a su Hijo Único para vivir y morir en rescate por los que estaban perdidos. Y nosotros, ¿qué tanto sentimos? ¿Qué tan sensibles somos al sufrimiento de aquellos que viven lejos de Dios?

PREGUNTAS PARA REFLEXIONAR

---

1. ¿Por qué crees que el liderazgo, en general, se ha "insensibilizado"?

2. ¿Qué fue lo último que te hizo sentir aflicción por alguna persona?

3. Cuando te cuentan sobre una necesidad, del 1 al 10, ¿qué tanto sientes el dolor por la situación que te comentaron?

4. ¿Cuál crees que sería el camino para mejorar tu sensibilidad hacia las personas? ¿Por qué?

UN AMOR TAN GRANDE

"... mucha compasión...".

Cada vez que tengo la oportunidad de plantear la pregunta "¿Cuánto es algo muy grande?", las respuestas que obtengo son casi siempre las mismas: "Es bastante", "Es abundante", "Que no se puede contar"... Algunos hasta hacen gestos con sus manos, o abren los brazos como tratando de expresar que hay abundancia.

Eso fue precisamente lo que Jesús vino a demostrar: que sus deseos y sus sentimientos por nosotros eran muy grandes, ¡tan grandes que no se podían contabilizar! Es como una fuente de compasión y amor que no se agota nunca, porque es muy pero muy grande.

Jesús tenía mucha compasión para ofrecer, y era enorme su deseo de acompañar a la gente rota. ¡Era tan grande su interés en restaurarnos, guiarnos, transformarnos a su imagen y acompañarnos en todo momento! Y no solo mientras pasa la tormenta. Él quiere estar en todo tiempo. Como se dice en las bodas, "en las buenas y en las malas".

Y en ese deseo de acompañarnos y de estar siempre a nuestro lado, Jesús toca a la puerta de nuestros corazones para entrar en nuestra vida y compartir nuestro andar. El reto del liderazgo compasivo es que logremos forjar esa clase de amistad con las personas que acompañamos, para poder ayudarlas a vivir mejor y a alcanzar todo su potencial.

PREGUNTAS PARA REFLEXIONAR

1. ¿Cómo calificarías, del 1 al 10, tu nivel de *un gran deseo* de acompañar a las personas?

2. ¿Qué crees que es lo que limita el crecimiento de tu nivel de compasión?

3. ¿Por qué crees que a veces sentimos mucha compasión por algunos y no por otros, haciendo así "acepción de personas"?

4. ¿A cuáles de tus seguidores o amigos consideras oportuno ofrecerles en este momento mucha compasión? Piensa en tres personas y decide qué pasos concretos vas a seguir para ayudarlas.

AYUDANDO A LA GENTE A ENFOCARSE

"...porque vio que era gente confundida...".

Como tal vez ya hayas notado, tengo la costumbre de hacer muchas preguntas. Siempre que tengo la oportunidad de compartir con un grupo o exponer en una conferencia, pregunto sobre ciertos temas curiosos. Por ejemplo, suelo preguntar: "¿Cuántos de ustedes tienen una visión para su vida *escrita*?". El dato interesante que surge de mis estadísticas es que aproximadamente el 15% de las personas han escrito una visión para su vida. Hago énfasis en que sea escrita, porque de otro modo la mayoría dirá: "Sí, sí, yo tengo una visión de vida; la tengo en mi mente". Pero el que la tiene escrita es porque ya la visualizó y va tras ella. ¿Y el resto? ¿Qué pasa con ellos? Si no tienen una visión, no tienen un norte, y esto me da la pauta de que un gran porcentaje de la gente no sabe hacia dónde se dirige. Esa misma pregunta tú la puedes hacer en cualquier ambiente, ya sea empresarial o universitario, en la iglesia o en tu familia, y siempre te dará una oportunidad de ayudar a las personas a entender la importancia de enfocarse en la vida. ¡Todos necesitamos orientación!

Pero no solo hay muchas personas que no saben hacia dónde van, sino que tampoco saben en un sentido más amplio qué hacer con su vida. Se nos enseña en la escuela que los seres vivos nacen, crecen, se reproducen y mueren. Pero, ¿en el medio qué? Al mencionar esto, me viene a la cabeza una frase de Dante Gebel: "¡Entonces es como que entre una vaca y tú no hay mucha diferencia!". Este planteo nos desafía a aprovechar cada oportunidad que se nos presente para ayudar a las personas a enfocarse y a capacitarse para saber hacer lo que hacen cada vez mejor.

La mirada compasiva de Jesús hacia nuestras vidas nos está diciendo: "Sé que están confundidos, que no saben hacia dónde van, pero yo los voy a ayudar a enfocarse, les marcaré una ruta, les daré un destino". Tal como vimos en el modelo para gente rota, luego de ser restaurados Jesús desea orientarnos.

Todos alguna vez hemos buscado que nos ayuden con una visión, que nos digan para dónde ir, que nos aconsejen, que nos apoyen.

Lo digo desde mi propia experiencia. Sinceramente, no sé dónde estaría yo hoy si Jesús no me hubiera alcanzado para mostrarme el camino. Sé que algunos dirán: "¡Pero si ya eres grande, tienes muchos años de experiencia!". Sin embargo, sigo yendo a Dios para pedirle orientación. Y aún sigo recurriendo a mi núcleo cercano para refrescar la visión y el propósito.

Como líderes, debemos ser conscientes de que a través de la tarea de orientar y dar una visión podemos impactar en la vida de las personas de una manera trascendente.

PREGUNTAS PARA REFLEXIONAR

1. ¿En qué áreas de tu vida te has sentido confundido?

2. ¿Qué beneficios trae a tu vida y a la de los demás el enfocarse?

3. ¿Tienes una visión para tu vida escrita? Si no la tienes, ¿por qué no escribirla ahora? Si la tienes, ¿la estás viviendo?

¿QUE YO TENGO QUE DEFENDER A QUIÉN?

"... que no tenía quien la defendiera...".

Recuerdo que en la escuela, cada vez que se producía un pleito entre compañeros, si alguno de ellos tenía un hermano mayor en un grado superior al nuestro, al llegar la hora del recreo o al finalizar la jornada escolar ese hermano salía en su defensa y se enfrentaba a los niños que habían molestado a su hermano menor. Eso me parecía tan bueno, que siempre me hacía pensar cómo me hubiera gustado tener un hermano mayor. Dios me bendijo con dos hermanas, que son una maravilla y unas grandes amigas. Tengo una hermana mayor y una hermana menor, pero era muy poco probable que mi hermana mayor pudiera salir a defenderme, y con la menor yo debía tomar el lugar de hermano mayor para cuidarla. De modo que si me surgía un problema, tenía que resolverlo yo solito sin nadie que me defendiera. Así que en la vida me tocó cuidarme solo... lo cual, visto en retrospectiva, tengo que admitir que no fue nada malo. ¡Pero igualmente me hubiera gustado tener un hermano mayor! Por varias razones. Por un lado, porque creo que podría haber aprendido de su experiencia cosas que me hubieran evitado cometer muchos errores. Y, sobre todo, porque me hubiera gustado tener un compañero de juegos y un apoyo moral.

La inseguridad siempre ha sido un tema que nos preocupa a todos. Especialmente en los tiempos que corren, donde la situación de la sociedad se ha vuelto tan compleja, el estar atentos a las medidas básicas de seguridad se ha vuelto prioritario. Sabemos que en todos los países del mundo, aun en los más prósperos, siempre existen zonas que conviene evitar o en las que es necesario ser extremadamente cuidadosos si fuera imprescindible internarse en ellas. Pero sin ir tan lejos, aun en la vecindad más tranquila hoy siempre se está pendiente de contar con alguien que nos proteja o que nos cuide. Ante esta situación, todos pensamos en diferentes opciones de cuidado. ¿Cuáles te vienen a la mente? ¿Seguridad privada? ¿Un arma? ¿Aprender defensa personal? O tal vez piensas en un buen perro guardián, o en cámaras de vigilancia. El hecho es que así como ante una situación legal quisiéramos contar con el mejor abogado, y en lo económico nos gustaría tener el mejor respaldo bancario, cuando de seguridad se trata quisiéramos contar con la mejor opción a toda costa.

Si miras a tu alrededor, de seguro podrás ver las fracturas que genera en las personas el temor a la inseguridad. Jesús no solo lo sabe, sino que también quiere y puede defendernos. Y nosotros debemos ser compasivos y transmitirle a los que nos rodean esta verdad.

¿INDEFENSOS DE QUÉ?

¿Ante exactamente qué estamos indefensos? Fíjate que la palabra "indefensos" termina con las letras SOS. ¿A quién estamos necesitando, a quién le estamos pidiendo ayuda con ese llamado de auxilio?

Las personas necesitan ayuda en cuestiones muy diversas. La mayoría de las empresas reciben miles de llamadas, correos y chats de parte de personas que necesitan ayuda para hacer funcionar un electrodoméstico, para instalar un dispositivo o para saber cómo utilizar un producto. Muchos usuarios acuden para pedir ayuda de parte del soporte técnico o del servicio de atención al consumidor. En el área en la cual trabajo, que es el sector financiero, tenemos productos destinados a ofrecer asistencia para el hogar y para las personas. Hace un tiempo, una de las empresas proveedoras nos comentó que cierto producto estaba teniendo un éxito total de ventas en un país vecino, ya que dicho producto ofrece varios servicios que la gente anhela tener. Nos explicó que se trata de una asistencia para el hogar especialmente dirigida a las madres que atienden a sus hijos en casa con los deberes escolares, mediante la cual les dan la oportunidad de llamar para hablar con un mentor que les ayude con la tarea. Otro servicio que está incluido, y es muy demandado por cierto, es el de apoyo psicológico y emocional, en el que las personas encuentran alguien con quien hablar sobre lo que les está estresando, o simplemente para hacer catarsis de algo.

¡Nunca deja de sorprenderme comprobar que las personas siempre necesitamos ayuda... en todo! ¿Te imaginas como estará de saturado el call center del cielo? Sin duda el volumen de llamadas que recibe solicitando ayuda o auxilio ha de ser descomunal. Y es que los seres humanos necesitamos ayuda en todas las áreas de nuestra vida: en la salud, en nuestras emociones, en nuestro trabajo... Por eso gritamos pidiendo auxilio. ¡Houston, tenemos un problema!

¡NECESITAMOS UN SUPERHÉROE!

Al practicar el liderazgo compasivo que Jesús nos enseñó, ¡nosotros podríamos llegar a ser el superhéroe de alguien!

Cuando escuchamos la palabra superhéroe rápidamente la asociamos a esos personajes con poderes especiales, que pueden volar, que tienen una fuerza sobrenatural, visión láser o algún otro talento fruto de la imaginación de sus creadores. Jesús es diferente. Él no se presentó con esa clase de poderes que se les atribuyen a los superhéroes de la ficción, sino que ejerció un poder dador de vida, que es el poder del Espíritu Santo, y que a su vez delegó en aquellos que lo seguimos y obedecemos. Él mismo dijo a sus discípulos: *"Les aseguro que el que cree en mí hará las mismas obras que yo hago, y hará obras todavía mayores..."* (Juan 14:12). Esto significa que, al practicar el liderazgo compasivo que Jesús nos enseñó, ¡nosotros podríamos llegar a ser el superhéroe de alguien! Ya sea del vecino, del amigo del colegio, de la universidad o del trabajo, e incluso de alguien de nuestra propia familia. Cada uno de nosotros tiene un territorio donde puede ejercer ese poder delegado y usarlo para defender a los que necesiten ser defendidos. ¡Seamos ese superhéroe de nuestra comunidad!

PREGUNTAS PARA REFLEXIONAR

---

1. ¿En qué te consideras indefenso?

2. ¿Qué poderes mostró Jesús que hicieron que la gente lo siguiera y lo admirara?

3. ¿Cuáles consideras que son hoy en día los pedidos de auxilio más frecuentes por parte de las personas (niños, jóvenes y adultos)?

4. ¿De quiénes podrías ser tú un superhéroe y por qué?

COMO OVEJAS

"...¡Parecían un rebaño de ovejas sin pastor!...".

La oveja se caracteriza por ser un animal con pocas habilidades individuales y con diversas limitaciones físicas, por lo cual de alguna manera se las podría considerar "torpes". Por tal razón, el contar con un pastor no resulta para ellas algo accesorio, sino que es necesario y hasta indispensable para su protección. La oveja es una criatura indefensa, no tiene la capacidad de cazar, no es feroz, su pelaje no le permite movilizarse con facilidad entre los arbustos porque podría quedar atrapada, no es veloz ni hábil para defenderse... En resumen, ¡para todo necesita ayuda!

La Biblia dice que, en este sentido, los seres humanos somos como ovejas. Lo triste es que hoy en día gran parte de la humanidad prefiere vivir la vida a su manera y de espaldas a Dios. Esto incluye a muchas personas que, habiendo conocido la verdad, se han apartado de la fe, ya sea por rencillas, por el mal testimonio de un líder o simplemente por haber sido atraídos por las cosas que ofrece el mundo. Por otra parte, y especialmente en los países más prósperos, muchas personas depositan su fe en el intelecto, en el poder económico, en el poder político o en sus logros académicos, en lugar de depositarla en el Dios de toda sabiduría, el dueño de todo el oro y la plata y de la vida misma.

Los problemas de esta vida se les presentarán tanto a unos como a otros. Todos enfrentarán en algún momento dificultades, como las enfrentaría una oveja (tanto la que tiene pastor como la que no lo tiene). La diferencia está en que una oveja con pastor cuenta con alguien que la cuida y la protege, alguien que está pendiente de ella y que la puede auxiliar, mientras que la otra está sola y desamparada, sin un refugio y expuesta al ataque de algún lobo sin nadie que la defienda. Además, al no contar con alguien que cada tanto la esquile, su misma lana crecida puede engancharse en un arbusto, inmovilizándola y dejándola a merced de cualquier depredador. Podríamos incluso relacionar esto con lo que vimos al principio del libro, ya que es posible que muchas de las personas que están ocultas detrás de un arbusto no estén allí por su propia voluntad sino que no han sido pastoreadas, y la falta de cuidados hizo que quedaran atrapadas. Por eso, se necesitan más pastores y líderes dispuestos a ir a buscar entre los arbustos, a rescatar a las personas atrapadas y rotas para que puedan ser restauradas.

SE BUSCAN PASTORES

El mundo necesita más personas que den un paso al frente y que estén dispuestas a "dar su vida" por todas esas ovejas que están viviendo sin pastor.

Se necesitan líderes que den de su tiempo para acompañar a las personas en las distintas etapas de su vida, teniendo en cuenta muy especialmente la importancia del acompañamiento en la niñez y en la adolescencia, ya que las transiciones representan momentos cruciales. Recuerdo haber escuchado en una conferencia a Esteban Borghetti diciendo que el 80% de la identidad del niño se forma de los 0 a 10 años de edad y el otro 20% se forma en la adolescencia. De ahí la necesidad de no descuidar a los niños, que además de la instrucción que reciben en sus hogares necesitan líderes enfocados en darles una identidad genuina y basada en valores bíblicos. Si no lo hacemos, al llegar a la adolescencia ese 20% restante puede ser influenciado por amigos, por las redes sociales o por otras personas que estuvieron más cerca de ellos que la misma iglesia, e incluso que la misma familia, y estaríamos tirando así por la borda todas las expectativas de que puedan tener como adultos una identidad íntegra y saludable.

Por ellos, y también por las otras franjas etarias, necesitamos más pastores y líderes. Me dirás: "Pero Marvin, es que yo no creo que tenga el tiempo de ir a un seminario para graduarme como ministro, teólogo o pastor". ¿Sabes qué? No es necesario

> *La gran comisión nos ha sido encomendada a todos los que seguimos a Jesús.*

ir al seminario, aunque sí es importante formarse y capacitarse. Para ello, e625. com cuenta con gran cantidad de material y contenido que puede apoyarte en tu capacitación. Lo único que es imprescindible es que estés dispuesto y con una actitud de confianza en que puedes hacerlo. La gran comisión nos ha sido encomendada a todos los que seguimos a Jesús. Él dijo: "Por lo tanto, vayan y hagan discípulos en todas las naciones.... y enséñenles a obedecer los mandamientos que les he dado. De una cosa podrán estar seguros: Estaré con ustedes siempre, hasta el fin del mundo..." (Mateo 28:19-20). El llamado es claro, y es para todos. Debemos salir de nuestra zona de confort para hacer discípulos. Todos sabemos que un discípulo no se forma en una clase, ni en una sesión de consejería, sino que es algo que lleva tiempo y dedicación. Enseñar a obedecer y a vivir de una manera distinta no es algo que pueda hacerse mediante una conferencia o un taller intensivo de cuatro horas. No. Enseñar a obedecer es modelar una forma de vida al estilo de Jesús. Así como el aprendizaje de todo niño se basa en la imitación, también los adultos aprendemos de ese modo. Quizás con más criterio y con nuestra propia personalidad, pero de igual manera nos vamos formando al ser guiados por modelos. Te animo a obedecer el llamado de Dios y adoptar una actitud pastoral para disponerte a ayudar y acompañar a otros. Hay muchas personas rotas ahí afuera que te están esperando y te necesitan.

PREGUNTAS PARA REFLEXIONAR

1. ¿Por qué crees que hoy la Iglesia tiene menos pastores de los que necesita?

2. ¿Qué cualidades crees que debe tener un pastor?

3. ¿Estás dispuesto a ser tú un pastor de ovejas?

4. Del 1 al 10, ¿cuánto de tu tiempo inviertes en las vidas de otras personas? ¿Qué pasos

CAPÍTULO 6

Somos responsables de enseñar

"Tú has oído lo que les he enseñado a muchas personas. Ahora quiero que enseñes eso mismo a cristianos en los que puedas confiar, y que sean capaces de enseñar a otros".

2 Timoteo 2:2 TLA

"La educación ayuda a la persona a aprender a ser lo que es capaz de ser".

Hesíodo

Hay una historia que probablemente muchos ya conocen. Se dice que un grupo de científicos decidieron encerrar a cinco monos en una jaula, y en el centro de la jaula colocaron una escalera. Luego colgaron de la parte superior de la jaula un atractivo manojo de bananos, el cual podría ser alcanzado por el mono que subiera por la escalera. El experimento consistía en que cuando uno de los monos decidía subir para alcanzar los bananos, los científicos estaban atentos a lanzar un chorro de agua fría sobre los cuatro monos que quedaban esperando en el suelo. Al transcurrir el tiempo, los monos aprendieron la relación que había entre el chorro de agua fría y el hecho de que uno de ellos subiera por la escalera. Así que, cuando a alguno de ellos se le antojaba un banano y se decidía a subir por su premio, el resto de los monos lo bajaban a golpes de la escalera. Después de repetirse esta situación en sucesivas ocasiones, ya ninguno de los monos se atrevía a subir, a pesar de lo tentadores que eran los bananos.

A esa altura del experimento, los científicos procedieron a reemplazar a uno cualquiera de los monos por otro que no había pasado por esa experiencia. Por supuesto que lo primero que pensaría el nuevo mono, viendo esos atractivos bananos, sería: "Si nadie quiere subir, ¡pues yo sí quiero!". El pobre comenzó a trepar, y al instante los otros le propinaron una buena cantidad de golpes para impedir que subiera y así evitar recibir el chorro de agua fría. Probablemente el mono estaría desconcertado, pero lo que pudieron observar los científicos fue que al cabo de varias palizas, el nuevo integrante del grupo finalmente desistió de intentar subir por la escalera.

Pero hay algo aún más interesante. Luego de un tiempo, fue reemplazado un segundo mono por otro mono nuevo, y se repitió el mismo ejercicio. Pero en esta ocasión fue el primer sustituto el que se encargó de que el recién llegado entendiera por medio de una golpiza que no debía subir. A continuación, los científicos siguieron reemplazando uno a uno al tercero, al cuarto y finalmente al quinto mono, terminando así por sustituir a todos los monos originales por monos nuevos. ¿Sabes qué pasó? ¡Que quedó en la jaula un grupo de cinco monos que, a pesar de no haber recibido nunca un chorro de agua fría, seguían golpeando al que trataba de subir por la escalera para llegar a los bananos! De haber sido posible, los científicos les hubieran preguntado a esos cinco monos por qué le pegaban con tanto entusiasmo al que intentaba subir por los bananos. Pero claro, esto no fue posible, aunque podemos adivinar que probablemente la respuesta hubiera sido: "¿Qué se yo? ¡Eso es lo que aprendí! ¡Que si alguien trata de subir por esa escalera hay que darle una golpiza para que no suba!". Dicho en otras palabras: "Eso vi, eso experimenté, eso aprendí y eso replico".

No deja de ser interesante el experimento, ¿verdad? Estos monos no tenían estudios académicos, y ninguno de ellos había recibido el duchazo de agua fría, pero igualmente la enseñanza fue transmitida y aprendida. Por supuesto que se trata de una enseñanza un tanto limitada, pero ilustra bien el punto. Así me enseñaron, eso fue lo que aprendí y eso es lo que le transmito a la próxima generación.

Una de las funciones más importantes de un líder es replicar el modelo de Jesús para evitar que creencias erróneas limiten el potencial de las personas.

Por eso, una de las funciones más importantes de un líder es replicar el modelo de Jesús, transmitiendo una enseñanza fiel y verdadera, para evitar que creencias erróneas limiten el potencial de las personas.

LO QUE ESCUCHAMOS

"Tú has oído lo que les he enseñado a muchas personas...".

Pablo instruye a Timoteo recordándole que él ha escuchado la verdad de lo que Jesús vino a hacer, y eso es lo que debe transmitir: la sana doctrina, sin quitar ni agregar nada. Debemos hablar lo que las personas realmente necesitan oír: LA VERDAD, y no una media verdad. Debemos decirles que son hijos de Dios, que deben mantener la santidad y la integridad, y caminar por el camino correcto. De esta manera se establece una comunicación confiable y aceptable, y entonces, cuando las personas nos oyen, encuentran un refugio. Tal como dijo el apóstol Pablo: *"Así que las personas llegan a confiar en Dios cuando oyen el mensaje acerca de Jesucristo"* (Romanos 10:17 TLA).

¿Cuáles son las fuentes de información que escuchamos? ¿Las redes sociales? ¿Los amigos? ¿Personas desconocidas que intentan comunicar una información basada en experiencias negativas y que, sin saber por qué lo hacen, al igual que los monos de la historia, están dispuestos a atacar a golpes a quien intente subir la escalera para llegar a la verdad?

> *Debemos escuchar lo que Jesús tiene para decirnos y transmitir a otros esa misma verdad.*

Jesús nos dijo: *"Todo el mundo los odiará por ser mis seguidores"* (Lucas 21:17). ¡Él ya nos advirtió que en el mundo tendremos aflicciones! Muchas veces el subir la escalera y ser diferentes traerá consecuencias, pero no debemos desalentarnos por temor a los golpes. Solo debemos escuchar lo que Jesús tiene para decirnos y transmitir a otros esa misma verdad. Él quiere afirmarnos en nuestra verdadera identidad, para que conozcamos la verdad de quiénes somos y de lo que somos capaces. Cuando escuchamos otras voces, engañadoras y manipuladoras, nos exponemos a perder claridad respecto de nuestra identidad y propósito. Debemos tener presente que para que una persona rota pueda ser restaurada y transformada, es fundamental enseñarle a discernir cuál es su verdadera identidad como hijo de Dios.

PREGUNTAS PARA REFLEXIONAR

1. ¿Qué crees que está escuchando actualmente la sociedad, especialmente los niños y los jóvenes?

2. ¿Qué fuentes de información o qué voces escuchas tú durante la semana?

3. ¿Cuántas prédicas escuchas habitualmente durante una semana?

4. ¿Puedes pensar en alguien que marcó tu vida significativamente por algo que te dijo? ¿Quién fue y en qué circunstancia? ¿Qué consecuencias trajo esto? prácticos podrías tomar para empezar a invertir más tiempo en esto?

LA MISMA ENSEÑANZA

"... Ahora quiero que enseñes eso mismo...".

Timoteo recibió una enseñanza directa de Pablo, que era mantener una vida de santidad y llena del poder del Espíritu Santo, y él le encargó que enseñara a otros todo esto que había aprendido. ¡Los cristianos tenemos la obligación de enseñar a otros lo que hemos aprendido de Dios y de su Palabra! Es cierto que uno de los grandes problemas que enfrentamos en la iglesia en general es que muchas veces las enseñanzas provenientes del liderazgo no tienen integridad, lo que deja un tendal de personas rotas, afectadas por esas enseñanzas corrompidas. Ante esto, tenemos que estar preparados para ayudar a sanar las heridas provocadas por esos desvíos, liderando con amor, enseñando la verdad y acompañando a las personas con la misma gracia inmerecida que recibimos de Dios.

Debemos tener muy presente lo que Pablo le dijo a los corintios: *"Por eso les envié a Timoteo, a quien amo como a un hijo, y quien es fiel al Señor Jesús. Por eso confío en él. Timoteo les recordará mis enseñanzas, que son las mismas enseñanzas de Cristo. Eso es lo que yo enseño en todas las iglesias. Cuando alguien pertenece al reino de Dios, lo demuestra por lo que hace y no sólo por lo que dice"* (1 Corintios 4:17 y 20 TLA).

La enseñanza debe estar respaldada por nuestras acciones, y muchas veces la forma en que nos conducimos habla más fuerte que nuestras palabras.

Enseñar no consiste solamente en predicar desde un púlpito o dar un mensaje en una reunión. La enseñanza debe estar respaldada por nuestras acciones, y muchas veces la forma en que nos conducimos habla más fuerte que nuestras palabras.

Si prestamos atención a la frase de Benjamin Franklin que aparece más arriba, comprenderemos que para que nuestra enseñanza permanezca y perdure en las personas que la reciben, es necesario involucrarlas de tal manera que se vean en la necesidad de poner en práctica lo aprendido para consolidarlo y así estar mejor preparados para transmitírsela a otros.

En este sentido también, como líderes, tenemos la responsabilidad de enseñar con nuestra propia manera de vivir. Francisco de Asís decía: "Predica el evangelio en todo momento, y cuando sea necesario, utiliza las palabras". Si realmente queremos ver un cambio en las personas que lideramos, no basta con enseñarles con palabras, sino que debemos estar en condiciones de ser para ellos un modelo que puedan replicar con convicción. Por supuesto que esto representa un gran desafío, porque muchos estarán ansiosos pensando constantemente: "Uh, tengo que portarme bien en todo momento... ¿y qué sucede si fallo?". Por eso, al enseñar, es tan importante insistir en que las personas no pongan su mirada en los líderes, ya que los líderes no somos perfectos. En quien tienen que poner la mirada es en el único que es perfecto, Jesús. Lo que necesariamente deben poder ver cuando miran a un líder es el reflejo del amor y la compasión de Jesús. Y eso solo se logra si el líder cultiva, desde la intimidad de su vida privada, una relación estrecha con el Maestro, relación que día tras día lo va modelando. Ese es el tipo de líder que estará en condiciones de que su enseñanza perdure, ya que las personas percibirán que es auténtica, porque proviene de su intimidad con Dios.

Todos deberíamos aspirar a ser líderes auténticos y coherentes, a que sin importar cuántas personas nos estén escuchando, siempre tengamos la misma actitud. Nunca deberíamos sentirnos "superiores" al momento de enseñar o porque estemos frente a un micrófono o delante de las cámaras. Debemos enseñar con humildad, haciéndolo a partir de nuestra experiencia con Dios y confirmándolo con nuestra manera de vivir.

PREGUNTAS PARA REFLEXIONAR

1. A partir de lo que has aprendido sobre el liderazgo compasivo de Jesús, ¿qué es lo que debería enseñar un buen líder?

2. ¿Cómo podría saber la gente si le están enseñando algo correcto o falso?

3. ¿Cuál es tu método de enseñanza? ¿Decirle a la gente qué hacer o mostrar con tu propio ejemplo cómo debe vivir un cristiano?

ENSEÑA A LOS CRISTIANOS

"... a cristianos...".

No hay duda alguna de que la gente necesita de Cristo hoy como siempre, y es nuestra misión trabajar para que muchas personas lleguen a conocer acerca de la verdad de Dios. Pero me llama la atención el hecho de que la instrucción en este pasaje sea "enseña a los cristianos", es decir, a los de casa. La pregunta que me surge inmediatamente es: ¿por qué a los cristianos? ¿También están rotos?

Sabemos que el mundo hoy más que nunca necesita esa compasión de la que venimos hablando, pero quizás los cristianos la necesitamos aún más, para poder deshacernos de todo rastro de toxicidad y poner en práctica con autenticidad el amor y la gracia de Dios. Es probable que todos necesitemos en algún momento regresar al modelo, ser restaurados en alguna área de nuestra vida, ser orientados y acompañados.

Seguramente todos conocen el refrán que dice: "En casa de herrero, cuchillo de palo". Otro quizás menos conocido es: "Candil de la calle, oscuridad de la casa". A veces los líderes, por concentrarnos en alcanzar a la gente que está fuera de la iglesia, nos olvidamos de acompañar a aquellos que ya son parte de la iglesia pero que, como todos nosotros, necesitan seguir creciendo y tienen también necesidad de recibir enseñanza y consejo.

Prestemos atención a lo que leemos en Oseas 4:6: *"Mi pueblo es destruido porque no me conoce a mí, perece por no seguir mis instrucciones, y es todo por culpa de ustedes, sacerdotes, pues ustedes mismos han rehusado conocerme; por lo tanto, yo rehúso reconocerlos como mis sacerdotes. Siendo que han olvidado mis instrucciones, yo me olvidaré de bendecir a tus hijos".* En otras versiones podemos leer "mi pueblo perece por falta de conocimiento". Primeramente, notemos que dice "mi pueblo", es decir que se aplica a nosotros, a los que ya conocemos a Dios. Este versículo también nos señala quiénes son los responsables de enseñar a los cristianos: los líderes, los que dirigen a la congregación. ¿Cuál es la prioridad de los pastores y líderes de la Iglesia de hoy en día? Te dejo la pregunta para que la respondas, pero debes tener en cuenta lo que les está diciendo en este pasaje: como ustedes no me conocen, enseñan lo que no conocen y por eso no avanzamos. Dios está gritando: ¡Conózcanme! Y conozcan los beneficios de vivir de la manera en que yo les mando que vivan. Nadie puede hablar bien o mal de algo si no lo ha probado. Pero si lo has probado y te ha gustado, lo replicarás, convencido de que todos deben tenerlo. Los cristianos debemos ser la expresión del Reino de los cielos aquí en la tierra. Pero si no experimentamos la compasión y el amor de Dios en nuestras vidas, en el trabajo, en la iglesia, en nuestra familia, no podemos compartirlo con convicción. Si vivimos conscientes de la realidad de que Dios nos acompaña en todo tiempo (tanto cuando todo va bien como cuando vienen los problemas), y de que Él está dispuesto a restaurarnos cuando estamos rotos y ayudarnos para que podamos deshacernos de nuestra toxicidad, ¡entonces querremos decirle al mundo que Dios también quiere estar allí con ellos en cada etapa de sus vidas!

Pero volviendo al tema de los creyentes, en Gálatas 6:10 leemos: *"Por lo tanto, hagamos el bien a todos cada vez que se presente la oportunidad, y especialmente a los que, por la fe, son de la familia".* Así que debemos practicar el amor con todos, pero comenzando con los hermanos en la fe. Tenemos que poner en práctica dentro de la iglesia esa compasión que hemos aprendido de Jesús. La iglesia está más necesitada de actos de amor ejemplificadores que de sermones, eventos y reuniones masivas. Uno de los pasajes que nos ha llevado a un nuevo entendimiento dentro del grupo que lideramos es el que Jesús nos dejó en Juan 13: 34-35: *"Les doy este mandamiento nuevo: que se amen unos a otros. Así como yo los amo, ustedes deben amarse unos a otros. Si se aman unos a otros, todos se darán cuenta de que son mis discípulos".* Debemos amarnos y mostrar el amor de Dios en todo lo que hacemos. Si la gente ve ese amor y esa compasión en nosotros, querrán imitarnos, querrán ser iguales a nosotros, y todo lo que les enseñemos lo aprenderán. Esta es la forma de ejercer una influencia genuina, cuidando y acompañando con amor a los hermanos en la fe, para que ese ejemplo pueda a su vez impactar en la comunidad y la sociedad en general.

PREGUNTAS PARA REFLEXIONAR

1. ¿Por qué crees que Pablo le dice a Timoteo que enseñe a los cristianos?

2. ¿Qué enseñanza deberían recibir prioritariamente los cristianos?

3. ¿Qué tanta diferencia encuentras entre los cristianos de hoy y el resto de la sociedad?

4. ¿Quiénes son los cristianos a los que tú consideras que debes enseñarles más? Menciona o piensa en cuatro personas.

CONFÍA EN LA GENTE

"... en los que puedas confiar...".

La confianza no es algo que uno deposite en un extraño o en un desconocido. Tú le confías algo solamente a una persona a quien conoces bien, porque sabes de sus capacidades y de sus talentos, e incluso de sus debilidades y sus falencias. De ninguna manera le delegarías algo a una persona cuyas debilidades pudieran impedirle cumplir con la tarea encomendada. No le encargarías que lleve el control de tus documentos a una persona que es desordenada por naturaleza, si ya sabes esto de antemano. Seguramente, por mucho que se dedique y quiera cumplir, lo más probable es que los documentos no estén donde deban estar cuando los necesites. De igual forma, quien nos confía una responsabilidad a nosotros, lo hace porque conoce nuestros talentos y habilidades y sabe qué es lo que somos capaces de lograr. Para esa persona, y para esa tarea, somos confiables.

Por eso, la mejor manera de desarrollar un ministerio y preparar un equipo de trabajo es buscando personas en las que puedas confiar. Para llevar adelante la tarea que se nos ha encomendado, la de enseñar a otros cristianos y predicar el evangelio con el modelo de liderazgo que Jesús nos mostró, necesitas contar con personas en las que puedas confiar, sabiendo que estarán allí respondiendo fielmente a la confianza depositada en ellos. No estoy diciendo que nunca fallarán, porque todos somos humanos y podemos equivocarnos. Pero cuando eso suceda sabrás que se trató de un error, y que no fue de ninguna manera por no haber sido dignos de la confianza que depositaste en ellos.

Puedo imaginar qué gratificante habrá sido para los corintios escuchar estas palabras de parte de Pablo: *"Tienen toda mi confianza, y estoy muy orgulloso de ustedes. Me han alentado en gran manera y me han hecho feliz a pesar de todas nuestras dificultades"* (2 Corintios 7:4 NTV).

Cuánta verdad hay en esa frase que dice: "Si quieres llegar rápido ve solo, pero si quieres llegar lejos ve acompañado". ¡Hagamos equipo con personas dignas de confianza y busquemos fortalecernos los unos a los otros constantemente para poder llegar lejos trabajando juntos!

PREGUNTAS PARA REFLEXIONAR

---

1. ¿Por qué crees que Pablo nos invita a confiar en la gente?

2. ¿Cuántas y quiénes son las personas de tu confianza?

3. ¿Crees que otros te ven como una persona confiable? ¿Qué cualidades hacen de ti una persona confiable?

MULTIPLÍCATE

"... y que sean capaces de enseñar a a otros".

> *La gente que tú capacites también debe buscar la ocasión de multiplicar el mensaje.*

No es un detalle menor que la recomendación a Timoteo haya sido: *"y que sean capaces de enseñar a otros".* Esto quiere decir que no puedes quedarte con el mensaje para ti solo, y que la gente que tú capacites también debe buscar la ocasión de multiplicar el mensaje. La invitación es a que si una persona rota es restaurada,

85

pueda a su vez buscar otras personas rotas para enseñarles que también ellos pueden recibir el mismo beneficio de una vida transformada. Todo lo que vamos aprendiendo debemos ir compartiéndolo con otras personas. ¿Por qué razón? Muy simple: como Jesús les dijo a sus discípulos, *"¡Es tan grande la mies y hay tan pocos obreros!"* (Mateo 9:37). Debemos responder a ese llamado, expandiendo nuestros horizontes para llevar el mensaje de vida a todas esas personas que lo están necesitando.

En este ejercicio de desarrollar un liderazgo de acompañamiento, generamos en el grupo de jóvenes de nuestra iglesia un modelo que denominamos FIVE por sus siglas en inglés *Friends Interactive Virtually Essentials* (algo así como "amigos esenciales interactivos virtualmente"). Esto surgió en 2019 con la idea de llegar a más jóvenes y discipularlos mediante una serie de lecciones. Las reuniones se llevaban a cabo de manera virtual por medio de una plataforma que en la actualidad es muy conocida, llamada Zoom. Dado que teníamos la versión gratuita, estábamos obligados a lograr que las reuniones duraran exactamente cuarenta minutos. Empezamos con dos grupos, y al poco tiempo ya eran cinco. Llegamos a conocer el corazón de muchas personas a través de esta experiencia, y formamos líderes y predicadores. Así, FIVE nos sirvió para multiplicar el liderazgo compasivo, ya que cada uno de los participantes lo vivió y luego lo compartió. Hoy tenemos varios equipos preparados para continuar multiplicándose y haciendo correr las buenas nuevas del Evangelio. ¡De eso se trata!

La Biblia nos dice que Jesús transmitió un mensaje que debe multiplicarse y expandirse, para que cada vez sean más y más las personas que lo siguen. Basta mirar lo que dice en Juan 6:2 NTV: *"Una gran multitud siempre lo seguía a todas partes..."*, y en Hechos 6:1 TLA: *"Cada vez había más y más seguidores de Jesús..."*.

Jesús se multiplicaba en sus discípulos, los que a su vez contagiaban a otros su deseo de compartir el mensaje de vida. Cuando practicas un liderazgo compasivo, ejercitándote en acompañar a las personas rotas con amor y gracia, tú también puedes transformarte en un poderoso agente de multiplicación.

PREGUNTAS PARA REFLEXIONAR

1. ¿A qué crees que se debía que cada vez hubiera más personas siguiendo a Jesús?

2. ¿Por qué es necesario buscar personas que sean capaces de enseñar a otros?

3. ¿Cuáles son los beneficios de multiplicar el modelo del liderazgo compasivo?

4. ¿Qué sucede si no nos multiplicamos?

CAPÍTULO 7

Un líder con compasión

"*Jesús llamó a sus discípulos y les dijo: –Siento compasión de esta gente porque ya llevan tres días conmigo y no tienen nada que comer. No quiero despedirlos sin comer, no sea que se desmayen por el camino. Los discípulos objetaron: –¿Dónde podríamos conseguir en este lugar despoblado suficiente pan para dar de comer a toda esta multitud? –¿Cuántos panes tienen? –les preguntó Jesús. –Siete, y unos pocos pescaditos. Luego mandó que la gente se sentara en el suelo. Tomando los siete panes y los pescados, dio gracias, los partió y se los fue dando a los discípulos. Estos, a su vez, los distribuyeron a la gente. Todos comieron hasta quedar satisfechos. Después los discípulos recogieron siete cestas llenas de pedazos que sobraron. Los que comieron eran cuatro mil hombres, sin contar a las mujeres y a los niños. Después de despedir a la gente, subió Jesús a la barca y se fue a la región de Magadán*".*

Mateo 15:32-39 NVI

Este pasaje nos describe un escenario en el cual los discípulos, que ya habían visto a Jesús en muchas oportunidades actuar movido por la compasión, ahora se ven involucrados personalmente en un milagro de multiplicación de los recursos disponibles para ayudar a quienes necesitaban en ese momento ser alimentados.

GENTE NECESITADA

"... Siento compasión de esta gente...".

Aproximadamente en el año 2007 inicié con unos amigos una ONG (Organización No Gubernamental), que se llamó CREA (Cristo Renovando En Amor), con el propósito de gestionar y canalizar recursos para actividades evangelísticas. Nuestra visión consistía en implementar actividades de apoyo a las comunidades, que luego nos dieran la oportunidad de compartir con ellas acerca del amor de Dios. Las principales actividades que llevamos a cabo en esas comunidades fueron: jornadas médicas y odontológicas, actividades para niños y entrega de regalos en fechas especiales. Lo curioso es que muchos de lo que estábamos allí trabajando buscábamos donaciones y recursos, y si bien estos llegaban, al final siempre resultaba necesario aportar un poco más. El episodio que relata Mateo me trae a la memoria esa experiencia, porque recuerdo que la disposición de todos los que integrábamos el equipo de CREA siempre fue la de suplir lo que faltaba. No solo estábamos entregando nuestro tiempo, amor, fe y talentos, sino que también, cuando era necesario, cubríamos las necesidades insatisfechas con nuestros propios recursos económicos.

> *Nuestro Dios es un Dios generoso y espera que nosotros también lo seamos.*

Como líderes debemos estar siempre dispuestos a ser generosos con nuestros recursos. Nuestro Dios es un Dios generoso y espera que nosotros también lo seamos.

Prestemos atención a la enseñanza de Pablo: *"Con mi ejemplo les he mostrado que es preciso trabajar duro para ayudar a los necesitados, recordando las palabras del Señor Jesús: 'Hay más dicha en dar que en recibir'"* (Hechos 20:35 NVI).

PREGUNTAS PARA REFLEXIONAR

---

1. ¿Hay alguien que haya invertido de sus recursos en ti? ¿Quién, y en qué ocasión?

2. ¿Cuánto estás dispuesto a invertir tú en otros?

3. ¿Quién crees que pueda estar necesitando de tus recursos hoy?

SIN MANOS VACÍAS

"...No quiero despedirlos sin comer, no sea que se desmayen por el camino...".

El amor de Jesús siempre se manifestó en una entrega total, hasta el punto de llegar a entregar su propia vida. Ninguna de las personas que se acercaban a Él con alguna necesidad regresaba con las manos vacías. Ellos llegaban esperando su milagro, y se iban llevándose, además, paz en el corazón.

Si algo he aprendido de mi familia es la generosidad. Muy especialmente de una tía muy querida, que llevo en mi corazón. Su casa siempre fue de puertas abiertas. Toda persona que se acercaba a la casa para saludar siempre salía con un buen vaso de refresco natural, y algo de comida. Creo que muchos llegaban calculando la hora de almuerzo, y cuando ya era momento de irse decían: "Bueno... nos despedimos...", a lo que ella invariablemente respondía: "¡No, de ninguna manera, quédense a almorzar!", y pedía que les pusieran un plato en la mesa. Y si uno no se quedaba, le regañaba, por lo que era mejor quedarse y disfrutar de la deliciosa comida de casa. ¿Sabes una cosa? En esa casa nunca, nunca, les faltó nada, y siempre tuvieron suficiente para compartir. Hoy su legado sigue siendo parte de mi herencia y, por supuesto, de la herencia de sus hijas: una familia que no solo comparte de su tiempo, sino también de sus recursos. El liderazgo compasivo no se demuestra solo en las iglesias, sino que también se puede poner en práctica en la familia, en el trabajo, con los amigos, con los vecinos y con toda comunidad.

Las personas que vienen a ti, ¿cómo regresan? ¿Regresan con algo que les diste, o se van con las manos vacías? ¿Qué pasa si una persona rota viene a ti? ¿Qué se lleva?

Cuando leemos en el texto bíblico: *"No quiero enviarlos a sus casas sin comer, porque se desmayarían en el camino"* (Mateo 15:32), vemos que el amor y la compasión de Jesús van más allá de satisfacer las necesidades espirituales y emocionales de quienes acuden a Él, ya que muestra igualmente su sensibilidad cuando se trata de atender a sus necesidades materiales. ¡Nosotros estamos llamados a hacer lo mismo!

PREGUNTAS PARA REFLEXIONAR

1. ¿Qué crees que pensaron los discípulos cuando Jesús les dijo que debían darle de comer a esa multitud?

2. ¿Qué piensas que sintieron las personas al ver que les daban de comer?

3. ¿Por qué piensas que Jesús dio aún más de lo que se esperaba de Él?

4. ¿Cuál crees que es hoy en día la principal necesidad que mueve a las personas, especialmente a los jóvenes, a buscar a Dios? ¿Qué estás haciendo tú, o qué está haciendo tu iglesia, para suplir esta necesidad?

BUSCA SU SATISFACCIÓN

"...Todos comieron hasta quedar satisfechos...".

Él no vino solamente a entregar su vida para que tuviéramos vida eterna, sino también para que tuviéramos una vida abundante.

Pocas personas estarían dispuestas a buscar que tú tengas siempre todo lo que necesitas. Pero cuando miras las actitudes de Jesús durante su caminar en la tierra, resulta evidente que Él no vino solamente a entregar su vida para que tuviéramos vida eterna, sino también para que tuviéramos una vida abundante, y por eso buscó satisfacer todas las necesidades de las personas.

Jesús nos modela no solo un liderazgo de servicio, sino un liderazgo de entrega total, sin egoísmo, y sin retener ninguna bendición. Como líderes, ¿cuánto de esa entrega, de esa clase de liderazgo, es lo que nosotros llevamos a cabo hoy en día? Es probable que mucho de lo que hacemos sea motivado por la búsqueda de nuestra propia satisfacción (nos sentimos "más buenos" cuando servimos a otros o somos generosos), o quizás por querer "quedar bien con Dios". En cambio, deberíamos tener siempre presente que nuestra tarea debe estar enfocada en servir a las personas de manera desinteresada y solo por amor, tal como Jesús nos modeló.

Y aquí recuerdo nuevamente a mi tía, especialmente un día en que estábamos de visita cenando en su casa. Por lo general, en mi país se sirven frijoles como plato principal de comida, acompañados de queso, crema y pan. Ese día nos sirvieron frijoles colados, que así llamamos nosotros a una preparación de frijoles cocidos y luego licuados y sazonados, que finalmente quedan con la consistencia de una sopa espesa. (De paso te recomiendo que si visitas Guatemala no te lo vayas a perder). Regresando al relato, como para nosotros esta es una comida deliciosa, me serví un plato lleno de frijoles, le agregué queso y crema y los comí con pan. Los disfruté mucho, terminé el plato y luego empecé a limpiar con el pan lo poco que quedaba en el plato para no desperdiciar nada, porque estaba realmente exquisito. De pronto, me percaté de que mi tía me estaba mirando fijamente a mí y a mi plato vacío. Al instante, me dijo enfáticamente: "¡Sírvete más!", a lo que yo respondí: "No, tía, ya estoy satisfecho... y por otra parte ya no queda más en la cacerola; se terminó". Allí mismo ella dio la orden: "¡Traigan más frijoles!". Luego, me animó: "¡Come más, m'hijo! ¡Te gustaron, come bien!". Por supuesto, como buen chapín (que así nos llamamos los guatemaltecos), tuve que servirme otro plato colmado. ¡Con esta tía no solo disfrutabas de comer, sino que salías más que satisfecho! Y esa era precisamente la alegría. Su deseo de compartir y de ser generosa se manifestaba en todos los detalles.

Algo similar sucede con Jesús. Cuando vamos a Él por un plato, recibimos dos. ¿Por qué? Porque Él quiere llenar nuestra vida de manera integral para dejarnos plenamente satisfechos y que podamos así experimentar la vida abundante que vino a ofrecernos.

PREGUNTAS PARA REFLEXIONAR

---

1. ¿Por qué crees que para Jesús siempre fue fácil procurar la satisfacción de otros? ¿Y por qué piensas que a nosotros se nos dificulta?

2. ¿Qué enseñanza nos muestra Jesús en el versículo que encabeza este capítulo?

3. ¿En qué ocasiones tu propia satisfacción tiene prioridad sobre la de las demás personas?

4. ¿Qué crees que deberías mejorar para llegar a ser una persona que se deleite en buscar la satisfacción del otro?

NO SE VA HASTA QUE TODO ESTÉ COMPLETO

"...Después de despedir a la gente, subió Jesús a la barca y se fue...".

Jesús no actúa como un mago que hace su show y luego, ¡puff!, desaparece de repente. Él, siendo un líder compasivo, dedica tiempo para despedirse de la gente, asegurándose de que todo esté concluido, y de que todas las personas hayan recibido lo que necesitaban y estén completamente satisfechas. Jesús no vino para que las personas vivieran la experiencia de un "evento", sino para que pudieran tener un encuentro con Él que transformara sus vidas. Es cierto que el Espíritu Santo puede tocar y cambiar a las personas ya sea en un instante o a través de un proceso, pero nuestro deber es acompañarlas y no dejarlas hasta que el proceso haya cumplido su ciclo.

El problema es que la cultura imperante hoy en día en ocasiones puede inducirnos a que dejemos las cosas a medio hacer. Comenzamos una carrera universitaria, un curso para aprender un idioma, o incluso empezamos a escribir un libro, y luego, por una razón u otra, abandonamos antes de terminar. También solemos dejar a medias nuestros proyectos personales, e incluso algunas amistades...

Si algo nos enseña Jesús a través de su modelo, es que no deberías irte sin antes haber concluido el trabajo. Es importante que todo proyecto y toda tarea que te sea asignada quede concluida.

Jesús tampoco quiere dejarnos sin asegurarse de que la obra se haya completado, y por eso envía al Espíritu Santo, quien nos ayuda a seguir creciendo cada día.

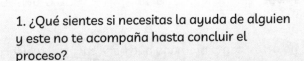

1. ¿Qué sientes si necesitas la ayuda de alguien y este no te acompaña hasta concluir el proceso?

2. ¿Has dejado a medias últimamente alguna actividad que habías comenzado? ¿Cuál?

3. ¿Has dejado a medias últimamente alguna relación, o el trabajo con alguna persona a quien estabas discipulando? ¿Cuál?

4. Plantea tres razones por las que es importante que un líder con compasión no deje una asignación antes de que se cumpla su ciclo.

5. ¿Qué crees que podrías hacer para adquirir la disciplina de concluir aquello que comienzas?

CAPÍTULO 8

Algo bien hecho

"Nosotros somos creación de Dios. Por nuestra unión con Jesucristo, nos creó para que vivamos haciendo el bien, lo cual Dios ya había planeado desde antes".

Efesios 2:10 TLA

"La calidad de vida de las personas está en proporción directa con su compromiso con la excelencia, independientemente de su campo de actividad elegido".

Vincent Lombardi

> **¡Los seres humanos siempre estamos buscando referentes de quienes aprender cómo caminar en la vida!**

Es muy probable que los hijos sigan las huellas de sus padres, los discípulos las de sus maestros y los seguidores las de su líder. ¡Los seres humanos siempre estamos buscando referentes de quienes aprender cómo caminar en la vida! Y es tan fuerte la influencia que puede llegar a tener sobre nosotros esa persona que nos forma o nos guía, que probablemente terminemos pareciéndonos mucho a ella.

SOMOS CREACIÓN DE DIOS

"Nosotros somos creación de Dios...".

Indudablemente "De tal palo, tal astilla" es una de las frases más conocidas y usadas en el mundo. Otro refrán con la misma connotación es "El fruto no cae lejos del árbol", y otro quizás no tan difundido es el que dice "Hijo de tigre, sale manchado". Todos entendemos que se aplican cuando resulta muy evidente que alguien muestra, en su personalidad y actitudes, las mismas características de la persona que más influyó en su formación. En general, se aplican a un hijo que ha resultado ser muy parecido a alguno de sus padres, pero siempre la idea que transmiten estos refranes populares es que todos tenemos un parecido con quienes nos formaron.

Dios en su Palabra muchas veces nos recuerda que fuimos bien hechos porque Él nos creó a su imagen y semejanza. No desconocemos que el pecado distorsionó esa imagen perfecta en nosotros, pero también sabemos que en Cristo tenemos la oportunidad de ser transformados en nuevas criaturas, con la posibilidad de ir madurando para parecernos cada vez más a Él. En otras palabras, tenemos la esperanza de ir creciendo a su imagen, y de que a su vez nuestras huellas puedan guiar por el camino correcto los pasos de quienes nos sigan.

PREGUNTAS PARA REFLEXIONAR

1. ¿A qué personas que hayan influido en tu crianza o en tu formación crees que te pareces, y por qué?

2. ¿En qué aspectos crees que te pareces a Jesús?

3. ¿Piensas que la gente podría darse cuenta de que eres cristiano y discípulo de Jesús por la manera en que actúas?

UN SOLO CAMINO

"... por nuestra unión con Jesucristo...".

Jesús dijo: *"Yo soy el camino..."* (Juan 14:6), y nosotros debemos tener muy en claro que la ruta a seguir para que pueda cumplirse el propósito para el cual fuimos creados es el camino de Jesús. Y, aunque Él mismo nos advierte que *"...es muy difícil andar por el camino que lleva a la vida, porque es un camino muy angosto. Por eso, son muy pocos los que lo encuentran"* (Mateo 7:14 TLA), nosotros tenemos la certeza de que Él nos acompañará y nos guiará para que podamos llegar a la meta. Como líderes, en la medida en que nuestro liderazgo refleje el amor y la compasión de Dios, podremos cumplir con la responsabilidad de guiar a quienes nos siguen para que puedan encontrar ese camino, y de motivarlos para que decidan caminar por él.

Seguramente habrás observado que muchas veces podemos reconocer a una persona por la forma en que camina, aun cuando lo estamos viendo de espaldas. Alguna vez tú también habrás dicho: "Lo reconocí por su manera de caminar".

En mi pueblo, los distintos grupos de amigos adoptaban sus propios estilos de caminar. Los que pertenecían a uno de los grupos caminaban de puntillas, como flotando, y muy relajados, como si no les importara nada. Los de otro grupo caminaban como sintiéndose seguros de que eran los dueños del mundo.

Todos tenemos alguna particularidad por la cual nos reconocen. Quizás por nuestra voz, por nuestra estatura o nuestra contextura física. Pero nuestra forma de caminar es una de las que más fácilmente permite que nos identifiquen. A veces alguien de mi familia me dice que camino igual que mi padre, y yo miro a mis sobrinos y veo que alguno de ellos también camina como mi padre. Sin duda hay algo genético, algo en nuestro ADN, en nuestra conformación ósea, en los músculos, que hace que caminemos de la misma manera. Cuando miro mis piernas y las comparo con las de mi padre, veo que se parecen. Así es que no resulta para nada extraño que haya heredado su estilo de caminar.

De igual manera, cada uno de nosotros llevamos una impronta en nuestra manera de caminar en la vida cristiana, según quién nos haya discipulado. Según aquella persona que nos enseñó el camino y nos animó a andar por él, afirmándonos en nuestra identidad en Cristo, hasta que se hiciera evidente que ese es nuestro ADN, y hasta que nuestro estilo de caminar comenzara a parecerse cada vez más al de Jesús. Ahora, como líderes, tenemos el deber de pasar ese ADN a quienes nos siguen, mostrándoles el camino de la verdad, encaminándolos en él y modelando para ellos la manera de andar de Jesús.

Vivimos en una sociedad llena de gente rota porque se ha perdido de vista que somos hechura de Dios y creados con un propósito. Nosotros, como líderes, no debemos olvidarlo en ningún momento, ya que si perdiéramos el rumbo, son muchos los que se extraviarían junto a nosotros en lugar de ser conducidos al camino que lleva a la restauración de su vida rota.

¿Cómo es nuestra forma de caminar? Nunca olvidemos que, como líderes, estamos modelando el caminar de todas las personas que se nos ha dado el privilegio de liderar. ¡Qué gran responsabilidad!

PREGUNTAS PARA REFLEXIONAR

1. ¿Por qué crees que se utiliza la analogía del camino en el liderazgo compasivo?

2. ¿De qué forma consideras que tú puedes señalarle el camino a alguien?

3. ¿Qué camino estás modelando para las personas que te siguen?

HAGAMOS EL BIEN

"... nos creó para que vivamos haciendo el bien...".

Jesús nos modeló con su ejemplo lo que significa vivir haciendo el bien. Pero fue más allá, diciéndonos además que deberíamos hacer el bien ¡aun a nuestros enemigos! Imitarlo a Él significa amar sin hacer acepción de personas. Sus palabras son claras cuando dice: *"Pero yo les digo: ¡Amen a sus enemigos! ... De esta forma estarán actuando como hijos de su Padre que está en el cielo, porque él da la luz del sol a los malos y a los buenos y envía la lluvia a los justos y a los injustos"* (Mateo 5:44-45).

Hace poco, leyendo un artículo sobre las conductas antisociales y delictivas en adolescentes infractores y no infractores, me llamó la atención la conclusión a la que llegaron las autoras de la investigación. Los resultados de este estudio demostraron que, sorprendentemente, los adolescentes que no eran infractores (y por lo tanto no estaban en un centro de formación) habían evidenciado una mayor frecuencia de conductas antisociales y delictivas en comparación con los infractores. Es decir que los no infractores tenían una tendencia más marcada a comportarse de manera antisocial, a dañar algo o a hacer algo prohibido. Las autoras de esta investigación describieron el problema de la siguiente manera: *"Los adolescentes no infractores informaron haber realizado más conductas antisociales y conductas delictivas que los adolescentes infractores que se encuentran en el centro de formación. Estos datos apoyan lo propuesto por Moffit (1993), quien plantea que actualmente una gran cantidad de adolescentes alguna vez se ha involucrado en actividades violentas, participando activamente en manifestaciones rela-cionadas con actos antisociales y delincuenciales. Lo preocupante de la problemática es que de los adolescentes que informan haber presentado conductas antisociales y/o conductas delictivas, algunos se limitarán a presentarlas en la adolescencia, disminuyendo luego en la edad adulta, pero otros, por el contrario, y de manera preocupante, seguirán manifestando dichas conductas hasta edades adultas de manera persistente".* [9]

Este no es un caso aislado, por supuesto. El Señor nos creó para que vivamos haciendo el bien, pero creo que todos nosotros nos sentimos identificados con Pablo cuando dice "... *Pues aunque quiero hacer lo bueno, no puedo. Cuando quiero hacer el bien, no lo hago; y cuando trato de no hacer lo malo, lo hago de todos modos".* (Romanos 7:18-19). ¡El ser humano por naturaleza tiene una inclinación a hacer lo malo!

En la historia del mundo podemos encontrar muchísimas personas, e incluso organizaciones o partidos políticos, que al llegar a un lugar de poder se desviaron del bien que pretendían o habían prometido hacer. Esto es así porque el corazón del hombre siempre termina inclinándose hacia el mal, ya sea porque se corrompe al llegar a un puesto de influencia, o porque la codicia lo lleva a buscar su propio bien sin importar a quienes perjudica para lograrlo. Pero nosotros estamos llamados a marcar la diferencia, porque Jesús nos exhorta a ser luz. Jesús nos da el ejemplo, nos marca el camino y nos ayuda a que podamos caminar en él.

> *El impacto de nuestro liderazgo sobre quienes nos siguen depende más de lo que hacemos que de lo que decimos.*

El impacto de nuestro liderazgo sobre quienes nos siguen depende más de lo que hacemos que de lo que decimos. Sin duda alguna, ha habido personas en la historia del mundo que marcaron una diferencia por hacer el bien y por ser ejemplo para muchos, y tal vez no se les reconoció como lo merecían. También hoy las hay, seguramente más de lo que piensas; en tu iglesia, en tu comunidad, trabajo, colegio, universidad... Y aunque las estadísticas demuestren que nuestra naturaleza nos induce a hacer el mal, nosotros como líderes compasivos debemos desafiar esa tendencia y nunca cansarnos de hacer el bien. *"Así que no nos cansemos de hacer el bien, porque si lo hacemos sin desmayar, a su debido tiempo recogeremos la cosecha"* (Gálatas 6:9). Esta no es la tendencia que prevalece en el mundo, pero es lo que Jesús nos enseñó y es lo que estamos llamados a modelar nosotros delante de quienes nos siguen, teniendo en cuenta siempre el consejo de Pedro: *"No traten a los que están bajo su cuidado como si ustedes fueran dueños de ellos, sino sírvanles de ejemplo"* (1 Pedro 5:3). Si hacemos esto, entonces, tal como nos asegura Pablo, a su debido tiempo recogeremos la cosecha de vidas transformadas.

PREGUNTAS PARA REFLEXIONAR

> **1.** ¿Has visto líderes que pareciera que se consideran dueños de las personas? ¿Cuál es tu reacción ante esa actitud?
>
> **2.** ¿Por qué crees que el ejemplo tiene tanto impacto sobre los seguidores de una persona?
>
> **3.** ¿En qué consideras que eres tú un ejemplo para

PLAN PERFECTO

"... lo cual Dios ya había planeado desde antes".

¿Te ha tocado alguna vez volver a ver una película de la que ya conocías el final? A mí sí, en varias ocasiones, ¡pero igual lo disfruté! Por ejemplo, la película navideña "Mi pobre angelito". Seguramente ya la conoces. Es esa en la que el niño está solo en su casa y dos delincuentes pretenden entrar a robar pero no lo logran. Cuando te sientas a ver esta película, ya sabes que está planeada para que termine bien. No puede fallar, y cuando la vuelves a ver al año siguiente, no esperas que haya cambiado nada, porque eso no va a suceder. El final va a ser siempre el mismo. Otro ejemplo es cuando vemos la repetición de un partido de futbol. Ya sabemos cómo terminó el marcador, pero en alguna parte de nuestro corazón deseamos creer que en la repetición pueda pasar algo, específicamente en esa oportunidad de gol que desperdiciamos... algo que haga que nuestro equipo cambie la historia. Pero no. Eso no sucederá, porque el resultado ya está definido.

En lo que hace a nuestras vidas ocurre algo parecido pero diferente a la vez. Dios ya tiene planeado todo para nosotros. Él tiene planes para nuestro futuro, y son siempre buenos. Pero esto no es como una película, sino más bien como una obra de teatro. Si bien hay un guion, tú podrías tomar la decisión de cambiar una palabra del diálogo o bien de hacer de algo no previsto en el libreto...

Dios tiene planeado que a ti te vaya bien, que puedas ayudar a las personas a sanar y a crecer ejerciendo un liderazgo compasivo, pero si no cultivas tu relación personal con Él mediante la lectura de la Palabra y dedicando tiempo a esa relación, entonces puede suceder que en determinado momento te equivoques, que te desvíes de tu ruta, y eso puede terminar mal.

Hoy tenemos en nuestros celulares varias aplicaciones que nos guían en el camino con solo poner la dirección del lugar a donde queremos llegar. Nos muestran las alternativas, los posibles atascos en el tránsito y hasta la hora probable de llegada. Sin embargo, es decisión nuestra aceptar las indicaciones o considerar que sabemos más que esa aplicación y desviarnos, intentando tomar un atajo que consideramos más conveniente. En ese caso, la aplicación nos va a decir: "Recalculando...".

Dios quiere indicarnos la mejor ruta en nuestra vida en general y en nuestro liderazgo en particular. Nos indica los tiempos y los posibles contratiempos. Pero así como lo hacemos con las aplicaciones, es decisión nuestra seguir las instrucciones u optar por un camino que nos parezca mejor, corriendo el riesgo de extraviarnos. Si eso llega a suceder, debes estar atento a la voz de nuestro Dios compasivo, diciéndote: "Recalculando...". Si oyes su voz, Él siempre puede guiarte de vuelta al camino correcto.

Dios tiene planes de bienestar y de propósito para la vida de cada uno de nosotros, y nos guía en la ruta que nos llevará a un buen destino en el tiempo que Él nos ha marcado. Esa certeza es la que debemos transmitir con convicción a quienes tenemos el privilegio y la responsabilidad de liderar.

PREGUNTAS PARA REFLEXIONAR

1. Si tuvieras la oportunidad de regresar el pasado y recalcular alguna ruta, ¿cuál sería y por qué?

2. ¿Te ha costado alguna vez, o en alguna área, liderar con el ejemplo? ¿En cuál y por qué?

3. ¿Qué crees que es lo que Dios ya ha planeado para tu vida?

4. ¿Qué cualidades crees que son necesarias para ejecutar el guion de Dios tal como Él lo planeó?alguien?

CAPÍTULO 9

Couching

"Porque es Dios quien los motiva a hacer el bien, y quien los ayuda a practicarlo, y lo hace porque así lo quiere".

Filipenses 2:13 TLA

"Nunca conseguirás el éxito a menos que te guste lo que estás haciendo".

Dale Carnegie

Desde que Dios creó al ser humano, le dio el mandato de crecer, de multiplicarse, de desarrollar y de administrar cosas, por lo que sin duda en nuestra esencia está la capacidad de ser productivos. ¿Por qué a veces no lo somos? ¿Por qué muchos viven frustrados por no poder lograr lo que anhelan? Quizás esto suceda porque muchas veces estamos tan abrumados por las múltiples tareas que nos ocupan, que no encontramos el momento para reflexionar sobre cuál es nuestro verdadero potencial y dónde deberíamos aplicarlo para ser realmente productivos. A muchas personas también las limitan los temores, o las estructuras mentales que se han ido formando a lo largo de sus vidas por la influencia y los comentarios de padres, hermanos mayores, amigos, maestros, compañeros, e incluso por los medios de comunicación y las redes sociales. Sin embargo, ¡a todos nosotros Dios quiere llevarnos a lograr mucho más!

DIOS MOTIVA

"Porque es Dios quien los motiva a hacer el bien...".

Si bien la práctica del coaching no aparece en la Biblia con ese nombre, no hay duda de que Jesús lo utilizó en la mayoría de sus conversaciones con los discípulos

El coaching es una herramienta que nos ayuda a liberar ese potencial que a veces está desaprovechado en nuestras vidas. No voy a extenderme aquí sobre el tema, porque existe un excelente material al respecto desarrollado por Félix Ortiz en e625.com. Lo que sí puedo decirte es que el coaching me ha permitido contar con personas que me ayudan a ser mejor en todas las áreas de mi vida. Y si bien la práctica del coaching no aparece en la Biblia con ese nombre, no hay duda de que Jesús lo utilizó en la mayoría de sus conversaciones con los discípulos. Es evidente también que Pablo practicó el coaching con Timoteo, con Tito y con la Iglesia en general.

Entonces, hablemos de cómo nos ayuda el coaching en el liderazgo. Primeramente aclaremos que la palabra "coach" tiene su origen en el ámbito de los deportes. De hecho, todos los deportistas llaman "coach" a su entrenador. Por supuesto que es el jugador o el atleta quien pone el cuerpo en la actividad que realiza, pero es el coach quien le ayuda a canalizar sus talentos, habilidades, pensamientos y energía para alcanzar sus objetivos.

Ahora bien, para ejercer el liderazgo compasivo de manera productiva, nosotros necesitamos un coach, y debemos a su vez ser coaches para las personas que lideramos ¿Por qué? Simplemente porque así funciona la dinámica de Dios. En la cita de Filipenses 2:13 al principio de este capítulo, vemos que Pablo nos dice que es Dios quien nos motiva a hacer el bien. Se podría decir que Él es nuestro Coach, que Él nos ayuda a que podamos alcanzar la meta, y que es Él quien quiere motivarnos a los mejores logros. Eso es exactamente lo que nosotros debemos replicar como líderes.

Cuando he tenido la ocasión, le he preguntado a los ejecutivos responsables de contratar personal calificado para su organización qué opinión tenían acerca de los beneficios del coaching. Todos ellos me respondieron que en caso de estar considerando para un puesto a dos candidatos de idéntico perfil académico y equivalente trayectoria profesional, sin duda contratarían a aquel que tuviera un coach. Al preguntarles el porqué, todos me contestaron más o menos lo mismo: que el coaching mejoraría su rendimiento, su enfoque, su visión; que la persona tendría conocimiento de sus fortalezas y sus debilidades, y que seguramente tendría mejor desempeño en general. Lo curioso es que, al preguntarle luego a estos mismos ejecutivos si ellos tenían un coach, ¡la mayoría de ellos respondía que no! Todos conocían las bondades del coaching, pero no lo tenían catalogado como algo que a ellos mismos los pudiera beneficiar.

Nosotros, como líderes cristianos, no debemos dejar de aprovechar la oportunidad de tener un coach que pueda ayudarnos a mejorar y a dar lo mejor en cada momento. A su vez, nosotros debemos ser el coach de las personas a quienes lideramos.

Los estudios que se han hecho sobre personas que reciben coaching y el impacto de este sobre su desempeño, revelan que se producen mejoras en su productividad, en su desempeño laboral, en su administración del tiempo y en su capacidad para trabajar en equipo, así como también cambios en la actitud de las personas (más confianza en sí mismos, mejores relaciones interpersonales, aumento en las habilidades de comunicación y un mejor balance trabajo / vida personal). De esto podemos deducir que el coaching no solo nos ayuda sino que también nos motiva, y eso es lo que el liderazgo de Dios quiere hacer en nuestras vidas, y lo que nosotros debemos hacer en las vidas de los demás. En un mundo donde tantas personas rotas están necesitando salir del estancamiento, tenemos que liberar su potencial; restaurar, orientar y acompañarles hasta que lleguen a descubrir el propósito para el cual fueron creados.

Alguna vez participé en carreras de atletismo, y aún recuerdo el experimentar esa emoción que se siente cuando uno ya está por llegar a la meta, al cabo de un esfuerzo agotador, y percibe a los costados de la pista un coro de personas aplaudiendo y animándole. Aunque uno está cansado, esos aplausos y esas palabras de apoyo lo energizan y le inyectan nuevas fuerzas para terminar la carrera sintiéndose como un campeón. Eso mismo es lo que un líder compasivo debe intentar lograr en las vidas de las personas: debe brindar ánimo, apoyo y soporte, pero no solo en el último tramo de la carrera, sino a lo largo de todo el recorrido. Dios nos motiva en todo tiempo y nosotros debemos alentar de igual manera a las demás personas.

PREGUNTAS PARA REFLEXIONAR

1. ¿Por qué crees que la gente necesita ser motivada?

2. ¿Te has sentido desmotivado alguna vez? ¿En qué? ¿Lograste motivarte de algún modo, o te ayudó alguien a hacerlo? ¿Cómo?

3. ¿Tienes a alguien en particular a quien estés alentando y motivando en este tiempo? ¿A quién? ¿Qué estás haciendo para ayudarle? ¿Qué más podrías hacer?

DIOS AYUDA

"... y quien los ayuda a practicarlo...".

Todos hemos estado en alguna situación en la cual necesitábamos que alguien nos diera una mano, que nos ofreciera ayuda, pero nadie aparecía. Hace poco tiempo experimenté una de esas situaciones. El automóvil de mi esposa tiene sobre su parte superior un soporte con un compartimiento para maletas o equipaje adicional. Ese día yo tenía que quitarle ese compartimiento y dejarlo en el garaje, porque queríamos evitar que se golpeara y se estropeara cuando entráramos en un aparcamiento con altura limitada. Sinceramente, yo no era un experto en el tema de cómo quitarlo pero, como lo hubiera hecho cualquier hombre que se precie de tal, dije: "¡Oh, eso es pan comido, yo me encargo!". Tomé las herramientas necesarias para abrirlo y retirar los anclajes y así poder removerlo, y comencé a trabajar, abriendo un lado del compartimiento. Allí empezó el problema, porque me percaté de que los anclajes de cada lado eran independientes, por lo cual ahora debía dar la vuelta para abrir el lado opuesto. Eso fue el principio de los dolores, porque no sabía que el dichoso compartimiento, además de los anclajes, tenía unos resortes que hacían que se abriera con solo destrabarlo, y que lo mejor hubiera sido cerrar el primer costado antes de ir al otro lado, para evitar que quedara brincando como caja sorpresa de payaso. Pase alrededor de veinticinco minutos tratando de hacer el trabajo solo, transpiré, me enojé, me quemé la mano con el techo de la camioneta porque estaba bajo el sol, me desesperé, transpiré un poco más, y luego comencé a mirar para todos lados, pensando: "¡Ojalá no salga algún vecino y me vea en esta situación!". Varias veces me dije a mí mismo: "Voy a hacer un desastre, voy a quebrar el soporte, voy a rayar el techo del automóvil...". Luego me imaginé varias alternativas para salir del problema, y entonces pensé: "¡Haré algo inteligente! Primero sacaré esta caja del techo del vehículo". Bajarla de ahí fue otro gran reto, pero al final lo pude hacer y logré apoyarla sobre el césped. Luego pasé otros diez minutos intentando resolver por mí mismo el tema de los anclajes, hasta que dije: "¡¡¡Bastaaaa!!!". Por fin me decidí a ser humilde y reconocer que no podía. Entré a la casa transpirado, y casi llorando de la frustración, y llamé a mi esposa para pedirle ayuda. Cuando ella llegó le expliqué lo que había que hacer, y en cuestión de un minuto y medio lo resolvimos juntos.

Aunque por alguna razón me resistía a gritarlo a los cuatro vientos, la verdad es que necesitaba ayuda. ¡Necesitaba ayuda desesperadamente! De hecho, hasta llegué a pensar que si salía un vecino le hubiera pedido ayuda. Aunque es probable que no la hubiera obtenido porque muchas veces, aunque tengas personas cerca, no siempre están dispuestas a brindar su ayuda, quizás por temor a comprometerse o por estar ellos mismos demasiado ocupados con sus propios problemas. Pero sí es cierto que si yo hubiera estado dispuesto a pedirle ayuda a mi esposa tan pronto como me di cuenta que no podría resolver el problema, me hubiera ahorrado los sinsabores y la frustración de intentarlo yo solo sin éxito.

Dios siempre está dispuesto a ayudarnos, pero nosotros debemos reconocer que lo necesitamos, y tomar la decisión de pedirle ayuda. A su vez, nosotros debemos estar siempre dispuestos a ayudar a otros. Muchos jóvenes, compañeros de trabajo, amigos de la iglesia y gente de otros ámbitos están necesitando ayuda, pero por orgullo o por el que dirán tal vez, no la piden. Los líderes compasivos debemos estar atentos a esas situaciones para acercarnos, preguntar y si es necesario insistir en darles la mano que necesitan.

Hay una cosa que está de moda en los gimnasios ahora, y es tener un *"gym partner"* (un compañero de ejercicios). Un *gym partner* es un amigo que te motiva, y que también te ayuda a progresar en los ejercicios, ¡aunque más no sea por el hecho de intentar demostrarle a alguien que puedes levantar más peso o hacer más repeticiones que él! Y cuando sientes que estás llegando al final de tus fuerzas, sabes que hay un amigo que no dejará que la barra de pesas te caiga encima, y que luego te ayudará a dejar las pesas en su lugar. ¡Este es un amigo que no solo te motiva sino que también te ayuda! En eso consiste el liderazgo de acompañamiento; no solo en motivar sino también en ayudar a las personas para que puedan seguir avanzando en el camino hacia una vida mejor.

PREGUNTAS PARA REFLEXIONAR

1. ¿Qué experimentas cuando alguien te ayuda en algo que tú no podías resolver?

2. ¿A quién le estás brindando ayuda hoy y en qué área de su vida?

3. ¿Puedes pensar en alguna persona que es probable que esté necesitando ayuda pero que no se anime a pedirla? ¿Qué podrías hacer tú al respecto?

ES SU INTERÉS Y DESEO

"... y lo hace porque así lo quiere".

Una cosa es que tú motives a alguien y le ayudes en algún tema por un interés personal o porque te están pagando por hacerlo, y otra cosa distinta es que lo hagas solo porque forma parte de tu propósito de vida.

Hace poco tiempo se lanzó en una plataforma de streaming (transmisión de películas y series a demanda) una serie que se denomina *Cobra Kai*, que nos recuerda una memorable secuela de películas de un personaje llamado Karate Kid, con el famoso maestro Mister Miyagi y el estudiante Daniel Laruso. ¡Yo recuerdo perfectamente las películas de Karate Kid! Había algo muy particular en las enseñanzas del coach (Sensei) Mister Miyagi. Él lo hacía porque en su corazón estaba enseñar, y compartió la mayoría de sus secretos y técnicas de karate con Daniel porque así lo quiso. En ningún momento se suponía que él recibiera un pago por las clases, sino que se generó entre ellos una amistad muy estrecha, tanto es así que Mister Miyagi un día le entregó a Daniel un automóvil como regalo. ¡No solo le enseño karate sino que su generosidad fue más allá en muchos aspectos! ¿Por qué? Porque así lo quería hacer.

Dios desea tener esa misma clase de liderazgo en nuestras vidas. Él quiere hacernos bien, quiere que aprendamos de Él las técnicas y conocimientos que necesitaremos para enfrentar las diferentes situaciones que se nos presenten en la vida.

Así también debe ser nuestra actitud hacia los equipos que lideramos. Debemos tener ese deseo de verlos crecer y madurar aunque el proceso lleve tiempo, como Dios lo hace, simplemente porque quiere hacerlo... y teniendo con ellos la misma paciencia con la que Él trabaja con nosotros.

> *Un líder compasivo ama como Dios le amó a él primero y da con la misma generosidad que ha recibido del Padre.*

Recordemos que no se trata solo de cumplir una tarea por obligación o por vanidad, para que vean qué buenos y dedicados somos, sino de hacerlo por amor, porque así es como Dios lo hace, y Él espera que también así lo hagamos nosotros. Un líder compasivo ayuda y motiva, y lo hace porque así lo desea. Porque ama como Dios le amó a él primero y da con la misma generosidad que ha recibido del Padre.

PREGUNTAS PARA REFLEXIONAR

1. ¿Crees que todos podríamos beneficiarnos de tener un coach en nuestras vidas? ¿Por qué?

2. ¿Qué le pedirías tú, o qué esperarías tú de un coach?

3. ¿Estás tú invirtiendo tu tiempo en ser un coach para otras personas? ¿Cómo las estás ayudando?

4. ¿Sientes que das a otros con la misma generosidad con que Dios te da a ti? ¿Hay algo que quisieras cambiar en tu forma de dar?

CAPÍTULO 10

Un líder enfocado

"Al amanecer, Jesús salió de la ciudad y fue a un lugar solitario. Sin embargo, la gente lo buscaba y le pedía que no se fuera del pueblo".

Lucas 4:42 TLA

"No me importa cuánto poder, brillo o energía tengas, si no lo aprovechas y lo enfocas en un objetivo específico, y lo mantienes allí, nunca lograrás tanto como tu habilidad lo amerite".

Zig Ziglar

En los momentos previos a una reunión en la iglesia, los responsables de las luces y el sonido generalmente se toman unos minutos para probar que todo funcione como corresponde. Luego, uno de ellos se coloca en la tarima o en el púlpito, y se puede escuchar que el encargado de la grabación dice: "Muévete un poco a la derecha... al centro... un paso más adelante... bueno, perfecto, allí ya te tengo enfocado". Esto es así porque resulta vital que la cámara esté correctamente enfocada en lo que se va a grabar. Puede estar perfecto el sonido y también la iluminación, pero si la cámara estuviera fuera de foco el resultado sería un video de mala calidad.

Lo mismo ocurre a veces en nuestras vidas: estamos tan ocupados con "las luces y los sonidos" de las múltiples actividades que día tras día consumen nuestra energía, que no nos damos cuenta de que no estamos enfocados. Es como la conocida frase que dice: "El que estés en movimiento no significa que estés yendo a alguna parte" (podrías estar en una cinta caminadora o sobre una bicicleta fija).

El problema es que, sin importar la energía que pongamos detrás de una tarea, si no nos mantenemos enfocados difícilmente logremos resultados satisfactorios.

COMIENZA TU DÍA ENFOCADO

"Al amanecer...".

Nuestro enfoque siempre tiene que ver con nuestra visión. Tiene que ver con qué es lo que nos mueve. Mi pregunta para ti, entonces, es: ¿qué es lo primero que haces al levantarte? Esto es lo que le sucede a la mayoría de la gente que en una típica mañana: bostezar, decir "¡Otro día más!", pensar qué aburrida es esta rutina de volver al trabajo, al colegio, a las actividades cotidianas, a realizar tareas que no le entusiasman, pero que por una cuestión de responsabilidad tiene que cumplir. Hay muchos que cuando suena el despertador por la mañana lo que quisieran es tomar la sabana o el edredón, taparse de nuevo y volverse a dormir para olvidar un poco toda esa serie de cosas que deben hacer otra vez más, otro día más... En este punto se me viene a la memoria esa historia de la mamá diciéndole a su hijo (ya adulto) que se levante de la cama y que se bañe, se vista, y salga de la casa rumbo a la iglesia. Este hombre le responde a su madre diciéndole: "¡Ufff, no tengo ganas! ¡No tengo ninguna razón, ninguna motivación para ir!". Su madre, entonces, le dice: "¡Pues te voy a dar tres buenas razones! Primero, es domingo y es día de reunión. Segundo, eres adulto y tienes que enfrentar tus retos, te guste o no. Y tercero, ¡eres el pastor de la iglesia!". ¡Ja ja!

Lo primero que deberíamos hacer al comenzar la mañana es dedicar un tiempo a conectarnos con Dios, para que nos ayude a enfocarnos en nuestras prioridades.

Más allá de la broma, es cierto que algunas veces a todos nos sucede que nuestro estado de ánimo cuando despertamos está un poco decaído. Pero viendo el ejemplo que nos deja Jesús, lo primero que deberíamos hacer al comenzar la mañana es dedicar un tiempo a conectarnos con Dios, para que nos ayude a enfocarnos en nuestras prioridades. No es imprescindible que nos levantemos al amanecer, con el primer rayo de sol, pero sí es importante que nuestro tiempo a solas con Dios sea una prioridad absoluta cada día de nuestra vida. Puedes tener tus devocionales en distintos horarios del día o de la noche, pero cuando recién te despiertas, así como parpadeas varias veces hasta lograr enfocar y ver claro los detalles de tu habitación, igualmente deberías permitir que Dios te ayude a que ese día puedas mantenerte enfocado en los objetivos de tu liderazgo, que te ayude a despejar lo borroso y mantener la visión clara a lo largo de toda la jornada. Si comenzamos el día enfocados en los objetivos que buscamos alcanzar, nos mantendremos firmes en nuestro propósito, sin perder tiempo, y usando nuestra energía de manera productiva.

El liderazgo compasivo no es una idea abstracta sino una actividad que busca permanentemente dar ánimo y aliento al corazón de quien lo está necesitando, y acompañando a las personas rotas en su proceso de restauración. Por eso es importante mantenernos enfocados desde el amanecer hasta el final del día, porque nunca sabemos en qué momento se nos puede acercar alguien que necesite ser ayudado.

PREGUNTAS PARA REFLEXIONAR

1. ¿A qué hora te despiertas normalmente, y qué es lo primero que haces al despertarte?

2. ¿Qué o quiénes tienen tu atención prioritaria en la mañana?

3. ¿En qué momento del día tienes tu tiempo de oración?

TIEMPO A SOLAS

"... Jesús salió de la ciudad y fue a un lugar solitario...".

Todos los seres humanos necesitamos compartir tiempo y vivencias con nuestros semejantes, porque es parte de nuestra naturaleza. Disfrutamos de las experiencias compartidas con otros y de pasar tiempo juntos, ya sea trabajando, estudiando o en actividades de esparcimiento. Pero debemos aprender a apartar un tiempo cada día, incluso desprendiéndonos de los temas familiares, sociales o ministeriales, para tener nuestros momentos de reflexión a solas con nosotros mismos y con Dios.

Aunque estamos llamados a dar y a ocuparnos de los demás, y precisamente por eso, resulta fundamental el cuidado de nuestro ser interior. Necesitamos pasar tiempo a solas para reflexionar, para encontrarnos con nosotros mismos y para poder llevar a cabo esa introspección que nos ayude a estar permanentemente madurando y creciendo. Pero sin lugar a dudas, nuestra prioridad absoluta debe ser no dejar pasar un día sin tener nuestra cita con Dios. ¡Con cuánta frecuencia Jesús se apartaba para pasar tiempo con el Padre, buscando su guía y dirección! Y si para Jesús esas citas resultaban imprescindibles, ¿cómo podríamos pensar que no lo son para nosotros? No se trata solo de orar, sino de pasar deliberadamente un tiempo con Dios para adorarlo, exaltarlo, contarle de tu vida y aguzar tu oído para saber qué es lo que Él tiene preparado para ti.

Son esos momentos especiales que apartamos para estar a solas con nosotros mismos y para estar a solas con Dios los que nos ayudarán a crecer y a fortalecer nuestro liderazgo, ya que nos permitirán lograr tres cosas importantísimas:

1. Desintoxicarnos de información. La soledad y el apartarnos pueden permitirnos purificar nuestra mente, al dejar de escuchar el aluvión de noticias que circula permanentemente en los medios de comunicación y en las redes sociales. En el silencio es más fácil discriminar cuál es la información relevante, y al apagar las voces del mundo podemos escuchar más claramente la voz de Dios.

Al apagar las voces del mundo podemos escuchar más claramente la voz de Dios.

2. Reinventarnos, innovar y recrear. En la vida cotidiana solemos estar inmersos en un clima que trasunta urgencia por hacer todo pronto, todo rápido, porque de otro modo sentimos que estamos perdiendo el tiempo. Sin embargo, los momentos de soledad suelen provocar una atmósfera de paz que puede ser para nosotros una ocasión para reinventarnos, para encontrar soluciones creativas o innovadoras, para tomar con sabiduría decisiones importantes, o para detectar cosas que quizás necesitan ser cambiadas en nuestra vida.

3. Liberarnos de la ansiedad y el estrés. A veces sucede que las personas aceptan que resulta necesario tomarse esos momentos de descanso, de estar a solas consigo mismos y también de pasar un tiempo a solas con Dios, y se deciden a hacerlo... pero cuando lo hacen, no pueden librarse de una sensación de impaciencia y se pasan el rato deseando que eso termine pronto para volver a las actividades acostumbradas lo antes posible. Sin embargo, Jesús nos enseñó que, aunque nuestras responsabilidades sean muchas, debemos saber apartar un tiempo a solas para descargarnos de toda ansiedad y poder seguir adelante libres de estrés. Recordemos esta instrucción: *"Dejen en las manos de Dios todas sus preocupaciones, porque él cuida de ustedes"* (1 Pedro 5:7), y pidámosle a Dios que nos quite toda ansiedad para que podamos disfrutar y aprovechar al máximo esos momentos que hemos separado en nuestro día para estar a solas con Él.

PREGUNTAS PARA REFLEXIONAR

1. ¿Cuántos días a la semana pasas tiempo a solas con Dios, y durante cuánto tiempo lo haces?

2. ¿Qué lugar consideras que es el mejor para pasar tiempo con Dios? ¿Cómo haces para asegurarte de no tener interrupciones durante este tiempo?

3. ¿Qué le dirías a una persona si te dijera que está demasiado ocupada como para pasar un tiempo cada día a solas con Dios?

SIN DISTRACCIONES

¡Son tantas las cosas que nos distraen! En otra época, las distracciones eran pocas y previsibles. Cuando yo era niño, la mayor distracción podía consistir en que los amiguitos del barrio tocaran a la puerta por las tardes para que saliera a jugar con ellos. En la actualidad, con el desarrollo vertiginoso de la tecnología, vivimos en una sociedad en la que ya no nos ocupa solamente el contacto real, sino que el mundo virtual nos invade a toda hora y en todo lugar. Un sonido o una vibración de celular avisándonos que llegó un nuevo mensaje inevitablemente nos distrae de cualquier actividad que estemos realizando. De hecho, el mundo virtual tiene la posibilidad de invadir tu privacidad a cualquier hora y, si se lo permites, puede distraerte en cualquier momento, aun de tus responsabilidades más importantes.

Todo esto en cuanto a las fuentes de distracción externas. Pero, ¿y qué hay de los pensamientos intrusivos? ¿Qué hay de esas ideas que llegan a nuestra mente y no nos permiten enfocarnos en lo que es realmente importante? A veces son pensamientos relativos al trabajo, o a nuestros sueños y proyectos, o a conflictos emocionales... ¡Son tantas las cosas que pueden invadir nuestros pensamientos y distraernos, impidiendo que nos concentremos en la tarea que estamos realizando!

Debes saber que esto es algo con lo cual batallamos constantemente. De hecho, lo sé por experiencia propia. Muchas veces te tomas un tiempo a solas para meditar y tener intimidad con Dios, y de repente comienza a invadirte ese pensamiento intruso que te distrae justo en el momento en que más necesitarías estar enfocado. Sin querer comienzas a pensar en el pago que debes hacer al día siguiente, en la próxima actividad ministerial que hay en tu agenda, o en aquella persona que hace unos días te compartió su problema. Por más que esos pensamientos nazcan de la empatía con el prójimo, resultan ser intrusos que perturban tu intimidad en un momento en que deberías estar atento para escuchar la voz de Dios. En esos casos, tienes que aprender a decir: "¡Basta! ¡Alto!", y desalojar esos intrusos para poder volver a meditar y reflexionar sin nada que te distraiga.

Una buena forma de hacerlo es recordar algún versículo bíblico que sea apropiado al caso. Por ejemplo, sabemos que si nos concentramos en escuchar su voz, y en ser diligentes en lo que Dios espera de nosotros en cuanto a la extensión de su Reino, no debería distraernos ninguna preocupación relativa a la provisión. Entonces, si viene a molestarte algún pensamiento que tenga que ver con eso, recuérdate a ti mismo las palabras de Jesús: *"Lo más importante es que primero busquen el reino de Dios y hagan lo que es justo. Así, Dios les proporcionará todo lo que necesiten"* (Mateo 6:33). Al hacerlo, te resultará fácil descartar cualquier pensamiento intruso relacionado con las preocupaciones materiales (recuerda este mecanismo, y seguramente se te ocurrirán versículos apropiados para descartar pensamientos intrusos relacionados con otros temas también).

El estar enfocados nos permite ver con más claridad nuestros objetivos, de modo de canalizar con más eficiencia los esfuerzos necesarios para alcanzarlos. Prestemos atención a lo que les dijo Pablo a los filipenses: *"Hermanos, no pienso que yo ya lo haya alcanzado. Más bien, sigo adelante trabajando, me olvido de lo que quedó atrás y me esfuerzo por alcanzar lo que está adelante. De esta manera sigo adelante hacia la meta, para ganar el premio que Dios ofrece por medio de su llamado celestial en Cristo Jesús. Así que, ¡atentos todos los que hemos alcanzado madurez! Todos debemos pensar de esta manera. Y si algunos piensan de forma diferente en algo, Dios les hará ver esto también."* (Filipenses 3:13-15) ¡Qué bueno es saber que lo que nos falta para ir creciendo en madurez, Dios nos lo irá mostrando! Por eso es tan importante evitar que las distracciones nos impidan ver con claridad lo que Dios nos muestra, o escuchar lo que Él quiere decirnos.

PREGUNTAS PARA REFLEXIONAR

1. ¿Qué es lo que con mayor frecuencia te distrae cuando intentas pasar tiempo a solas con Dios? (recuerda que pueden ser factores externos o internos.)

2. ¿Por qué crees que es importante no distraerte en esos momentos?

CAPÍTULO 11

Un liderazgo auténtico

"Lo que ha sido desde el principio, lo que hemos oído, lo que hemos visto con nuestros propios ojos, lo que hemos contemplado, lo que hemos tocado con las manos, esto les anunciamos respecto al Verbo que es vida".

1 Juan 1:1 NVI

"Los jóvenes anhelan algo real, anhelan autenticidad".

Elaine Welteroth

En la actualidad es muy común encontrar en los mercados de casi todas las ciudades una diversidad de artículos (ropa, bolsos, relojes, calzado deportivo, etc.), que ostentan etiquetas de marcas prestigiosas, pero que en realidad son solo réplicas de los originales. Se ofrecen así productos copiados de los que fabrican las grandes marcas, a un precio varias veces menor al de los productos originales, haciéndolos accesibles a mucha gente que busca dar una imagen de alto poder adquisitivo o lucir lo mismo que lucen "los famosos". Pero, ¿sabes lo que sucede con todas esas imitaciones? Que no duran lo mismo que dura el producto auténtico. No tienen la misma calidad que los originales, y cualquiera que las examine con atención podrá encontrar fácilmente sus diferencias y defectos.

Ya bien lo dice el refrán popular: "La mentira tiene patas cortas". Y cuando tarde o temprano la verdad sale a la luz, la imagen falsa se desmorona, generando una situación bochornosa para el que fue descubierto en su simulación.

Lamentablemente, incluso en el liderazgo cristiano, muchas veces hay quienes intentan fabricar (o ser ellos mismos) réplicas de algún original. Te preguntarás por qué lo hacen. Quizás es el deseo de ser famosos el que los lleva a buscar a cualquier precio que la gente los admire y los siga. Sin embargo, con el tiempo esos liderazgos tan poco auténticos se van desintegrando, porque afortunadamente son cada vez más las personas que saben distinguir un original de una imitación.

> *Las personas necesitan líderes genuinos, que vivan lo que enseñan.*

Las personas necesitan líderes reales. Necesitan ser amadas sin reservas. Necesitan ser apoyadas sin sentirse criticadas ni juzgadas. Necesitan que alguien les muestre a ese Jesús auténtico, el que mostraba una genuina compasión hacia los ladrones, las prostitutas y todos los marginados y rechazados por la sociedad de aquella época. Ya vimos que, en última instancia, todos estamos rotos de una u otra manera. El que hayamos tenido el privilegio de ser restaurados y reorientados hacia un propósito eterno no significa que ya hemos llegado, sino que tenemos que seguir siendo continuamente transformados con la ayuda de Dios. Debemos devolver esa gracia que hemos recibido, acompañando a otros con genuina compasión.

Las personas necesitan líderes genuinos, que vivan lo que enseñan. Félix Ortiz, en su libro *Cada joven necesita un mentor*, se refiere a la necesidad imperiosa que existe, especialmente durante la juventud, de poder establecer relaciones significativas que sean auténticas.[10] Y llegar a ser un líder auténtico es todo un desafío, porque implica ser íntegro y confiable, sin que haya ninguna clase de falsificación en nuestra vida.

En el año 2015, la revista *Harvard Business Review* publicó un artículo dónde mencionaba que la autenticidad era el "estándar de oro para el liderazgo". Con todo respeto, ya que proviene de una de las universidades más prestigiosas del mundo, quiero decirles que esta investigación demuestra algo que ya enseñó y modeló Jesús hace más de dos mil años. Jesús, mientras caminó sobre esta tierra, nos modeló lo que significa un liderazgo genuino y transparente. Él no hablaba con una voz impostada, ni vestía de una manera especial para verse o sentirse "espiritual". Jesús se mostraba tal como era, y caminaba junto a sus discípulos compartiendo todo y amando a todos de manera incondicional. Hoy nosotros debemos imitar ese caminar.

Seguramente habrás conocido alguna vez a alguien que llevaba una vida de lujos, aparentando una envidiable prosperidad económica, pero que más tarde te enteraste que en realidad no tenía tanto dinero, o incluso que vivía constantemente endeudado. ¡Que nunca nos suceda algo equivalente, de aparentar desde el liderazgo lo que no somos ni tenemos, y terminar siendo una piedra de tropiezo para quienes confiaron en nosotros! No necesitamos llevar una máscara, sino simplemente permitir que se refleje en nosotros el amor genuino que recibimos de Él. Seamos los líderes sinceros que las personas tanto necesitan y acompañémosles con un interés genuino en la tarea de restaurar sus vidas rotas.

PREGUNTAS PARA REFLEXIONAR

1. ¿Qué crees que sucede cuando la gente descubre que su líder no vive la vida que aparenta?

2. ¿Te sucedió alguna vez que un líder no haya sido auténtico contigo? ¿Cómo fue la circunstancia y qué consecuencias tuvo esto?

3. ¿Crees que la gente te conoce como realmente eres, o tienes facetas ocultas?

LO QUE OYES

"... lo que hemos oído...".

Lo que escuchamos tiene una enorme influencia sobre nuestras acciones, sobre nuestras decisiones e incluso sobre nuestras emociones. La mayoría de nuestras ideas, pensamientos y acciones parten de lo que en algún momento nos han dicho o nos han relatado.

Por ejemplo, quiero que imagines esto conmigo: es de noche y estás en un bosque. Vas caminando por un sendero, está muy oscuro, y de repente escuchas un aullido. ¿Cómo te sentirías? ¿Qué harías? Seguramente te daría un miedo terrible y te pondrías a correr, ya que lo primero que se te vendría a la mente es que se trata de un lobo (más específicamente, de un lobo hambriento que quiere comerte). Es igual de probable que el aullido fuera de un perro inofensivo, pero hay tantos cuentos infantiles que nos hablan de que en el bosque hay lobos malos, que es lo primero que se nos ocurre. ¡Es increíble hasta qué punto lo que hemos oído determina lo que pensamos y hacemos!

> *Como lideres una de nuestras mayores responsabilidades es escuchar la voz de Dios por sobre todas las demás voces que nos rodean.*

Eso mismo pasa en todas las áreas de nuestra vida: nos han dicho que la gente de nuestro país se comporta de tal o cual manera, que nosotros somos esto y aquello, y aun sin quererlo, dócilmente aceptamos lo que escuchamos sobre los demás y sobre nosotros mismos. El peligro es que hoy en día recibimos tanta información que a veces nos olvidamos de acercarnos a escuchar al que siempre ha dicho la verdad, a Aquel que es la fuente de toda verdad.

Otras fuentes pueden inducirnos a adoptar identidades equivocadas, o hacer que nos inclinemos hacia hábitos que son perjudiciales para nuestra integridad. Lo que escuchamos determina nuestra identidad, y escuchar lo correcto es lo único que nos puede ayudar a tomar decisiones sabias. Como líderes una de nuestras mayores responsabilidades es escuchar la voz de Dios por sobre todas las demás voces que nos rodean. No solo para tener claridad sobre lo que es bueno y verdadero, sino también para poder transmitirle esas verdades a las nuevas generaciones, que tanto lo necesitan para afirmarse en su identidad como hijos de Dios.

PREGUNTAS PARA REFLEXIONAR

1. ¿Crees que lo que escuchas o has escuchado ejerce mucha, poca o ninguna influencia sobre tu vida? ¿Por qué?

2. ¿Qué es lo que más escuchas durante la semana? (Pueden ser personas, medios de comunicación, etc.)

3. ¿Hay algo que quisieras cambiar en tu vida con respecto a las cosas que escuchas? ¿Qué?

LO QUE VES

"... lo que hemos visto con nuestros propios ojos, lo que hemos contemplado...".

En inglés hay un dicho popular muy difundido que dice: *"Monkey see, monkey do"* (en español sería algo así como "Mono lo ve, mono lo hace"). Este dicho hace alusión a la realidad de que las personas suelen actuar de determinada manera solo porque vieron a otros hacerlo. Incluso, muchas veces, imitan algo sin saber por qué, y sin tener conciencia de las posibles consecuencias.

En general, todos los seres humanos tenemos una tendencia a imitar a otros. Recientemente, mirando un documental en *Discovery Channel*, me sorprendió escuchar que nuestro cerebro tiene unas neuronas llamadas "espejos", que determinan que cuando vemos a alguien que sonríe, nuestro cerebro automáticamente genera una sonrisa. En otras palabras, de acuerdo a lo que vemos, así reaccionamos.

Profundizando en el tema de la imitación, resulta sumamente interesante el concepto de las tres leyes de la imitación que el filósofo y ensayista Javier Gomá Lanzón expone en su libro *Imitación y experiencia*. Estas son:

- **Primera ley: imitación *ab interioribus ad exteriora*.** La imitación interior de un modelo, es decir, la imitación de deseos (obediencia) o la imitación de creencias (la confianza) de otro, precede siempre a la imitación externa, la emulación y la copia de costumbres o prácticas. La obediencia y la confianza generan la emulación, y no al revés.

- **Segunda ley: imitación de arriba hacia abajo.** Se infiere de la primera: el modelo es superior y el imitado inferior, de suerte que la imitación presupone una jerarquía. Lo propio del modelo superior no es necesariamente inventar o descubrir, sino ser el foco de la difusión y propagación, "especie de depósito de agua social de donde debe descender sin interrupción la cascada de la imitación". Esta ley se combina con otra que explica el carácter gradual de la imitación: se imita el modelo superior entre los más próximos, aquel que esté alejado por la menor "distancia social".

• **Tercera ley: imitación del pasado o imitación del extranjero.** Hay épocas que imitan las costumbres del pasado y hay épocas que imitan la moda extranjera. Cuando el Estado actual imita al Estado de un pasado superior, suele coincidir con un resurgir del nacionalismo, el patriotismo y el proteccionismo. En las épocas de moda, en que un Estado imita a otro Estado extranjero superior, prevalece la defensa y el orgullo de su propio tiempo o época, más que el de su país, lo que favorece el cosmopolitismo y el librecambio. [11]

Intentando aplicar el análisis de Gomá Lanzón al liderazgo, podríamos decir que la primera de estas leyes habla de que las personas a quienes tenemos el privilegio de liderar, nos imitarán en la medida en que generemos en ellos un deseo genuino de obedecernos, y a su vez les inspiremos confianza.

La segunda ley nos hace reflexionar sobre nuestra posición como agentes de la difusión y propagación de aquellas conductas que estamos llamados a modelar en quienes esperamos que nos imiten. No se trata de que las personas obedezcan a un líder simplemente porque está en una posición de autoridad, sino porque ven al líder como un referente a quien admiran y de quien desean aprender imitándolo.

Con respecto a la tercera ley, sabemos que la tendencia a imitar al pasado es una realidad que se da con mucha frecuencia en las organizaciones en general, y en las iglesias en particular. Todos hemos escuchado alguna vez el argumento de que: "Lo hacemos de esta manera porque siempre se ha hecho así". Y en cuanto a imitar lo extranjero, con eso sin duda estamos todos familiarizados, porque lo vemos por doquier.

El problema es que nuestro liderazgo, para ser auténtico, debería cuidarse de no caer en ninguna de estas dos categorías. Debemos ir adecuando la manera en que transmitimos nuestro mensaje (por supuesto, sin comprometer el contenido), ya que las nuevas generaciones probablemente no estén dispuestas a imitar formas asociadas con el pasado. Y en cuanto a imitar lo de afuera, hoy vivimos en un mundo globalizado, en el que la tecnología ha borrado todas las fronteras. Por eso es importante que desde el liderazgo evitemos caer en inducir a quienes nos siguen a imitar modelos extranjeros, ya que lo propio, lo autóctono, es parte de nuestra identidad, y eso es parte de lo que buscamos fortalecer en ellos.

Nuestro reto como líderes es asegurarnos de que nuestra influencia sobre las personas que nos imitan los fortalezca y afirme en el propósito de Dios para sus vidas. Nuevamente Gomá Lanzón nos dice: *"Todas las leyes extralógicas de la imitación se encierran en una sola: la imitación se propaga siempre de lo superior a lo inferior, ya sea en la esfera social, temporal, espiritual"*[12]. Esta realidad debería exhortarnos a los líderes a tener siempre la mirada puesta en Jesús, el autor y consumador de nuestra fe. Si tenemos gente a la cual lideramos, y sentimos el peso de la responsabilidad de enseñar y de esperar que nos imiten, entonces tenemos que mantener los ojos fijos en Jesús, que es el modelo perfecto. Es la única manera de lograr que desde Él pueda "descender sin interrupción la cascada de la imitación", como dijera Gomá Lanzón.

Es de sabios mirar solo aquello que agregue valor a nuestra vida,

La invitación es a que cuidemos lo que ven nuestros ojos, porque si lo que miras es violencia, corrupción, engaño y manipulación, es muy probable que encuentres que tu cerebro replica lo que ves. La Biblia nos dice: *"El que anda con sabios, será sabio..."* (Proverbios 13:20), y es de sabios mirar solo aquello que agregue valor a nuestra vida, cosas que nos ayuden a crecer para, a su vez, estar mejor preparados para ayudar a nuestros equipos y a nuestros discípulos a crecer. Solo si logramos mantener nuestra mirada fija en Jesucristo llegaremos a ser la clase de líder que marca una diferencia en las vidas de las personas, al permitir que sean alimentadas cada día por esa fuente inagotable de agua viva que es Jesús.

PREGUNTAS PARA REFLEXIONAR

1. ¿Crees que lo que uno mira se relaciona de alguna manera con la capacidad de ser un buen líder? ¿Cómo?

2. ¿Qué programas, qué películas, qué redes sociales y qué clase de contenidos pones frente a tus ojos regularmente?

3. ¿Cuánto de todo eso que ves te ayuda a ser mejor líder y mejor persona?

LO QUE TOCAS

"... lo que hemos tocado con las manos...".

El sentido del tacto esta intrínsecamente relacionado con el liderazgo compasivo, porque el tocar tiene que ver con lo que sentimos. ¿Recuerdas un momento en el que Jesús iba con sus discípulos hacia la casa de Jairo porque su hija estaba enferma? La Biblia nos narra que mientras caminaban rumbo a la casa, la multitud era tanta que oprimía al Maestro. De repente, entre toda esa gente, una mujer tocó el borde de su manto, y en ese mismo momento Jesús se detuvo y preguntó: *"¿Quién me tocó?"* (Lucas 8:45). Seguramente algunos discípulos habrán mirado a Jesús como diciendo: "¡¿Entre toda esta muchedumbre que se aprieta a tu alrededor, tú preguntas quién te ha tocado?!". De hecho, leemos que Pedro le dijo: *"Maestro, es mucha la gente que te aprieta y empuja"* (Lucas 8:45). A lo cual Jesús le respondió: *"Pero alguien me ha tocado; lo sé porque de mí ha salido poder"* (Lucas 8:46).

En medio de todo ese gentío, rodeado de tantas personas que lo estaban apretando y empujando, Jesús sintió el toque que provocó que de Él saliera un poder capaz de realizar un milagro de sanidad.

Los discípulos tal vez estarían apurados por llegar a la casa de Jairo, pero Jesús quiso detenerse y descubrir qué era lo que había sucedido. Por alguna razón, ese toque le había llamado especialmente la atención, y no quiso dejar la obra inconclusa. Vemos entonces lo que sucedió después: *"La mujer, al verse descubierta, fue temblando y se arrojó a los pies de Jesús. Y allí, frente a toda la gente, le contó por qué lo había tocado y cómo en ese mismo momento había quedado sana"* (Lucas 8:47). No es de sorprender que se acercara temblando. Ella sabía que dentro de ese contexto, por su condición, y por haberse animado a tocar a Jesús, era candidata segura para ser apedreada hasta morir. Pero aquí vemos como Jesús sigue manifestando en todas sus acciones un liderazgo compasivo y el deseo constante de restaurar a personas rotas. Él se dispone nuevamente a preguntar, pero tal vez ya con su mirada puesta en ella, como diciéndole de corazón a corazón: "¡Yo sé lo que sucedió, sé que estabas enferma, sé que necesitabas un milagro, pero quiero que sientas también el amor que tengo para ti! ¡Quiero que tengamos un tiempo para compartir, y que además del poder puedas sentir también el amor de Dios!".

El milagro es solo uno de los beneficios del Reino, pero si palpas a Jesús, sientes la eternidad. Sientes su amor inmensurable y su deseo de tener una relación estrecha contigo. Cuando Jesús preguntó quién le había tocado, es como si hubiera sido la misma pregunta de Dios en el Edén: "¿Dónde estás?". Y cuando la mujer dijo: "¡Fui yo!", Jesús se detuvo para conversar con ella. ¿Cuándo fue la última vez que te detuviste para escuchar a alguien? A alguien de la iglesia, a un joven, a un familiar, a un compañero de trabajo, a un amigo... Tal vez puedas identificar alguna ocasión en la que una persona se acercó a ti, te tocó, y tú solo le diste su "milagro", resolviste su problema aparente, pero sin detenerte ni dedicarle el tiempo que necesitaba para sanar otros aspectos de su vida, o para sentirse amada y valorada.

Todo nuestro cuerpo debe estar configurado como un receptor. Pero, ¿qué es lo que, por lo general, estamos tocando durante horas y horas cada día? Probablemente el objeto con el que más horas de contacto tengamos sea el celular o nuestra computadora. ¿Cuánto tiempo inviertes con el celular en el chat o en las redes sociales? ¡Es triste ver el tiempo que pasamos observando la vida de gente que ni conocemos, y la poca atención que les brindamos a las personas que están a nuestro alrededor!

Hay mucha necesidad de crear en la iglesia ámbitos apropiados para poder "tocar" el corazón de las personas. Alguien que está roto necesita estos espacios de confianza. Alguien que tiene problemas con su identidad sexual, problemas matrimoniales, conflictos con la mentira, o con la tentación de robar... Todos ellos necesitan que nos tomemos el tiempo para escucharlos de cerca, tal como lo haría Jesús.

En la iglesia hablamos mucho de sanar a los heridos, pero tal vez no estemos funcionando como un hospital para atender a los enfermos, sino como un consultorio externo, que da una medicina paliativa, o en algunos casos un placebo, solo para salir del paso. ¡Atendamos con compasión a los que están rotos, a los que Dios está buscando y quiere restaurar, orientar y transformar! No lo hagamos a las apuradas. Detengámonos por un momento, y tengamos un encuentro real y genuino con ellos, permitiéndoles abrir su corazón para que puedan ser inundados por el amor de Dios.

PREGUNTAS PARA REFLEXIONAR

1. Durante un día normal, ¿tienes más contacto con personas lejanas o desconocidas a través de las pantallas, o con personas cercanas como amigos, familia, etc.?

2. ¿Tu estilo de liderazgo se asemeja más al de un médico de hospital o al de un consultorio externo?

3. ¿Te has detenido a "tocar" el corazón de alguien en las últimas semanas? ¿Podrías hacerlo con alguien en los próximos días?

EL VERBO ES ACCIÓN

"... esto les anunciamos respecto al Verbo que es vida".

.En casa tenemos una mascota que con solo decirle "Vamos a salir", se dirige casi volando hacia la puerta donde se encuentra su cadena y su collar. ¡Se le activa un "modo paseo" de forma inmediata! Y, ¡ay de nosotros si en algún momento lo dejamos esperando, porque comienza a ladrar y toda su energía se acelera para mostrarnos su desesperación por salir de paseo!

Algo parecido nos sucede a nosotros cuando nos encontramos con Jesús. Todo en nuestra vida se activa, nos llenamos de energía y comenzamos a vivir la vida de una manera diferente. Nuestro encuentro con Jesús nos proporciona esa energía para la acción y esa pasión por las cosas que debemos hacer. Por eso debemos estar atentos. Si de pronto notamos que estamos perdiendo esa energía y esa alegría por llevar a cabo nuestra tarea, significa que ese Verbo, esa acción, se está apagando en nosotros...

> *Jesús no solo observó, no solo tuvo compasión y misericordia, sino que también actuó para modificar la realidad de las personas.*

Nuestro liderazgo de la mano de Jesús nunca puede ser algo pasivo. Es un liderazgo proactivo y de acompañamiento constante. No podemos quedarnos de brazos cruzados esperando que los cambios sucedan solo porque los pensamos, y creo que eso fue lo que muchas veces manifestó Jesús en su caminar con los discípulos, y en cada uno de los grandes milagros que nosotros hoy conocemos. Jesús no solo observó, no solo tuvo compasión y misericordia, sino que también actuó para modificar la realidad de las personas. Y lo mismo debemos hacer hoy nosotros.

Como líderes, como miembros de una iglesia, como pastores o maestros, o simplemente como personas influyentes en la sociedad, cada uno de nosotros debe generar cambios positivos en la vida de otras personas. Tenemos que transmitirles esa chispa que los encienda, que los inspire. Es nuestra tarea ayudarles a liberar ese potencial que Dios ha puesto en sus vidas. En otras palabras, deberíamos despertar el Verbo que está en ellos. Y si aún no estuviera, es nuestra misión presentarles a Jesús, para que también ellos tengan la posibilidad de experimentar ese cambio radical que solo Él puede traer a sus vidas.

1. ¿Por qué crees que se dice que el Verbo "es vida y acción"?

2. ¿Sientes que tu vida está realmente "en acción"? Si no, ¿qué piensas que le está faltando?

3. Piensa en una acción concreta que podrías realizar durante la próxima semana para modificar la realidad de alguna persona que lo esté necesitando.alguien en las últimas semanas? ¿Podrías hacerlo con alguien en los próximos días?

CAPÍTULO 12

Conectados a la fuente

"El discípulo que se mantiene unido a mí, y con quien yo me mantengo unido, es como una rama que da mucho fruto; pero si uno de ustedes se separa de mí, no podrá hacer nada".

Juan 15:5 TLA

Cierto día, salimos a desayunar con toda la familia, incluyendo a Samuel, mi sobrino más pequeño. En el restaurante había un espacio con una fuente grande, pero en ese momento los chorros no estaban funcionando. De pronto, en medio del desayuno, encendieron la fuente y el agua comenzó a salir con fuerza. Al escuchar el ruido, Samuel, que estaba de espaldas a la fuente, instantáneamente giró en su sillita y al ver los fuertes chorros exclamó: "¡Ohhhh, mucha agua, mucha agua!". La fuente, de hecho, tenía varios chorros que se iban habilitando uno tras otro, y ante cada nuevo chorro de agua que aparecía, Samuel repetía maravillado: "¡Ohhhh, mucha agua, mucha agua!".

Por supuesto que en ese momento simplemente nos reímos, ya que nos hacía gracia que Samuelito repitiera asombrado "mucha agua, mucha agua" aunque solo era una pequeña fuente. Pero luego ese episodio me movió a pensar en algo interesante. ¿Qué es lo que la gente puede observar en nosotros? ¿Qué es lo que la sociedad, nuestros equipos de trabajo, los miembros de nuestra iglesia, nuestros niños y cada una de las personas a las que servimos ven cuando nos miran? ¿Acaso pueden ver cuando encendemos la fuente, y también ellos pueden decir, como mi sobrinito, "¡Ohhh, mucha agua!"? ¡Qué bueno sería que fuéramos para todos ellos como esa agua que cautiva, que emociona, que llena de energía al que la mira! Me faltó contarte que si no fuera porque Samuel estaba sujeto a su sillita y lo pudimos frenar, hubiera saltado a la fuente para meterse en ella a jugar con el agua.

UNIDOS A ÉL

"El discípulo que se mantiene unido a mí...".

Nuestro liderazgo debe ser como esas fuentes que se encienden y de pronto comienzan a despertar esa alegría, y a provocar ese deseo de celebrar, porque hay mucha agua. La Palabra nos dice que el discípulo que se mantiene unido a Jesús (que es la fuente de vida) siempre tendrá agua. Él es el agua que nos da vida, pero también nosotros tenemos que hacer un esfuerzo y estar dispuestos a permanecer unidos a Él, para que pueda fluir esa agua a través nuestro. Para que nuestro liderazgo les transmita a las personas a quienes servimos algo que los sorprenda, que les traiga gozo, y que puedan decir: "¡Hay algo que cautiva en este mensaje, hay algo que deleita!". Pero eso no sucederá solo porque nosotros tengamos un discurso bello. Únicamente puede suceder si el Espíritu Santo está en nuestra vida, y la fuente que viene de los cielos, a la cual estamos conectados, es la que fluye a través nuestro. Así es como terminamos siendo instrumentos para bendecir a otras personas.

Nadie piensa que, si conecta un celular a la fuente de energía una sola vez en la vida, esa carga le servirá para siempre. Todos sabemos que a lo sumo le llegará a durar uno o dos días. Por eso, si quieres hacer uso de todos sus beneficios, deberás estar atento a conectarlo cada vez que su batería necesite ser recargada, antes de que se agote. De la misma manera, nosotros no podemos dejar de estar conectados a la fuente.

> *Nosotros no somos el agua, pero podemos ser el instrumento que la conduce desde la fuente hasta los corazones rotos y sedientos.*

Por supuesto, debemos tener en claro que esta relación de crecimiento permanente por estar conectados con la fuente no es algo que se nos impone como una obligación, sino que es una decisión personal. Si nosotros nos mantenemos conectados a esa fuente, a la vid verdadera, entonces recibiremos bendición, dirección y sabiduría para llegar a donde ni siquiera podemos imaginar, y podremos ser canales para que estas cosas fluyan, a través nuestro, hacia los demás. En cambio, si nos separamos y nos desconectamos de esa fuente, nos perderemos la bendición y el privilegio de ser instrumentos de Dios para bendecir a otros. Nosotros no somos el agua, pero podemos ser el instrumento que la conduce desde la fuente hasta los corazones rotos y sedientos, dándoles vida, y vida en abundancia.

PREGUNTAS PARA REFLEXIONAR

1. ¿De qué manera te mantienes conectado a la fuente cada día?

2. ¿Con qué frecuencia cargas la batería mediante la lectura y la comunión con Dios?

3. ¿Por qué crees que es importante mantener una relación activa y constante con nuestro equipo y con las personas a quienes servimos?

UNA RELACIÓN DE DOBLE VÍA

"... y con quien yo me mantengo unido...".

Aunque a veces no nos damos cuenta, estamos siempre necesitados de ayuda, y Jesús anhela que permanezcamos conectados con Él porque sabe que eso es vital para nosotros. A su vez, Él siempre está pendiente de conectarse con nosotros. Eso significa que nuestra relación con Jesús es una relación de doble vía. Y aquí está el secreto: mientras más dispuesto esté yo a conectarme con Jesús, más fácil me resultará comprobar su permanente disposición a conectarse conmigo.

Lo mismo sucede con el liderazgo. Cuanto más dispuestas están las personas a conectarse con nosotros, más se energiza nuestro compromiso de entregar de nuestra vida a la vida de ellos, resultando en un crecimiento intencional que bendice en los dos sentidos de circulación.

Cultivar una relación siempre lleva tiempo. Tiempo de estar juntos y compartir pensamientos y experiencias para conocerse cada vez mejor. Esto me recuerda una película llamada Náufrago, que nos relata la historia de un personaje interpretado por Tom Hanks, que a raíz de un accidente aéreo permaneció solo en una isla durante varios años. El ser humano está diseñado para relacionarse e interactuar con otros seres humanos, y frente a esa necesidad, Chuck (el personaje de esta película) creó su propio amigo, materializado en un balón de voleibol al que llama "Wilson". Él logró así tener una "persona" con la cual poder establecer esa conexión tan necesaria para todo ser humano. En este caso resulta tan vital la conexión que se establece entre Chuck y Wilson, que como espectador llegas a sentir que realmente son amigos. A lo largo del desarrollo de la historia, la trama nos va llevando a percibir que este lazo de amistad que se establece provee consejería, apoyo moral y psicológico, y hasta cuidado y protección que de alguna manera resultan mutuos, es decir de doble vía. Tanto es así, que en la circunstancia en que las olas del mar separan al personaje de su "amigo", su llanto revela una angustia tan fuerte como si se hubiera tratado de una persona de carne y hueso. Esta película ilustra muy bien esa necesidad extrema que todos tenemos de poder relacionarnos, de establecer una conexión con nuestros semejantes.

Si dedicamos el tiempo necesario y estamos dispuestos a una entrega total para mantenernos conectados con Dios, esto se pondrá de manifiesto también en nuestra manera de transmitir ese amor de Dios en todas nuestras relaciones.

PREGUNTAS PARA REFLEXIONAR

1. ¿Cómo haces tú para mantenerte conectado con Jesús?

2. ¿Cómo podrías discernir que Jesús está conectado contigo?

3. ¿Qué factores te permiten definir si tú estás conectado con tu equipo, y ellos contigo?

4. ¿Qué cosas podrías hacer para mejorar esas conexiones?

RESULTADOS

"... *es como una rama que da mucho fruto...*".

Muchos pueden pensar que la vida se reduce a nacer, crecer, reproducirnos y morir, e incluso nosotros mismos en ocasiones decimos: "¡No importa que no ganemos! ¡No importa que no alcancemos la meta! Lo importante es participar". Pero en los negocios, en las empresas, en las universidades, en los colegios, en la iglesia, y muy especialmente en el Reino de los cielos, todo lo que se hace tiene que dar resultados. Y resultados que puedan medirse. En nuestro caso como líderes, esos resultados deben ser vidas transformadas.

Te cuento algo que me sucedió hace mucho tiempo, en el último año de la escuela secundaria, justo antes de graduarme y salir del colegio para ir a la universidad. Durante el año teníamos que rendir, en cada asignatura, cuatro exámenes, uno por cada bimestre. En ocasión de los exámenes del primer bimestre, viví una experiencia que nunca olvidaré. Tuvimos el primer examen de matemáticas, y a los pocos días llegó la entrega de las notas. Yo suponía que iba a tener buenos resultados y... precisamente de eso se trata la anécdota que les relataré.

El profesor comenzó a entregar las notas y en un momento lo escuché mencionar a mi amigo Mario (este es un nombre ficticio). Lo que le oí decir fue: "Mario, su nota es 39 puntos". ¿Te imaginas sacar en un examen 39 puntos sobre 100? ¡Es una nota malísima! El pobre Mario ya había empezado mal el año y seguramente le costaría muchísimo sumar una cantidad de puntos en los siguientes bimestres como para alcanzar los necesarios para graduarse. Mientras que la mayoría de los compañeros que habían nombrado antes tenían notas por encima de 70, Mario había sacado 39 puntos. Como se sentaba en el banco detrás del mío, me di la vuelta para molestarlo, y le dije: "¡Es que a ti sí que no te da el cerebro!". Y luego nos reímos los dos, aunque a él seguramente no le cayó muy en gracia mi comentario. (Lo reconozco, fui un poco tóxico. ¡Perdón, amigo!). Luego el profesor nos siguió nombrando uno por uno, hasta que llegó el momento en que escuché mi nombre. "Marvin, tu nota es... 37 puntos". Y yo: "¡¿¿¿Quéeeee??!!". Como te puedes imaginar, el cumplido que le había regalado a mi amigo unos minutos antes me fue devuelto multiplicado. La mía fue la nota más baja de toda la clase en el examen de ese bimestre en matemáticas.

¿Qué te imaginas que iban a decirme mis padres ante un resultado como ese? Seguramente no iban a recibirme con una sonrisa en el rostro, diciendo: "¡Qué lindo, mi hijo, tan aplicado, sacando la peor nota! ¡Tanto esfuerzo que hacemos nosotros, como para que salga con semejante desfachatez!". Además, en mi casa el problema era que las notas de las clases y de los exámenes eran sagradas, porque determinaban tus beneficios de fines de semana, tu dinero de bolsillo o tus regalos.

Algunos de los lectores tal vez estén estudiando aún en el colegio o la universidad, y todavía estarán viviendo el proceso de esforzarse por aprobar exámenes y obtener los mejores resultados. Porque en los estudios formales siempre, para poder avanzar, tienes que dar buenos resultados. Nosotros esperamos tener resultados positivos, y eso es lo que esperan de nosotros también nuestros profesores y nuestros padres.

A ese resultado yo no tenía el valor para presentarlo en mi casa. Me repetía constantemente: "¡Es imposible! ¿Cómo puedo haberme sacado 37 puntos de nota? ¡Eso significa que ahora voy a tener que hacer demasiados esfuerzos durante los tres bimestres restantes para poder aprobar la materia!". Bueno, te hago breve la historia: gracias a Dios terminó todo bien, pero en lugar de hacer las cosas como corresponde y obtener buenos resultados desde el principio, me tocó esforzarme muchísimo en los tres siguientes exámenes para poder llegar con la nota que el colegio exigía, que era un promedio final mínimo de 70 puntos para salir "raspando" y aprobar el curso. Tanto fue así, que en el último bimestre decidí ponerme a estudiar de tal manera que hasta me convertí en maestro de apoyo de mis amigos y compañeros de colegio, y les ayudaba a entender lo que nos tocaba aprender en esas clases.

Mi promedio final terminó por encima de los 70 puntos, lo cual significó que el último examen fue realmente muy bueno como para subir tanto el promedio habiendo comenzado con una nota tan baja. ¡Increíble! ¿Qué hubiera pasado si hubiera reprobado ese examen? No hubiera podido compartir con mis compañeros el mismo escenario recibiendo el título de grado, porque no me hubiera graduado junto con ellos. Pero la gracia de Dios me ayudó a obtener un buen resultado. Y como este, te puedo asegurar que muchos de los logros y los buenos resultados en mi vida han estado intrínsecamente ligados a la gracia, a la misericordia y al favor de Dios.

En nuestra vida, los resultados son importantes. Todos queremos tener resultados positivos. Y no solo en los exámenes. ¿Te imaginas si tus finanzas estuvieran siempre en números rojos? ¡Estarías en serios problemas económicos!

Los resultados tienen importancia en todo lo que hacemos. Por eso, nuestros resultados como líderes tienen que ser positivos, y tienen que mostrar el fruto que nosotros estamos esperando y que Dios está esperando de cada uno de nosotros.

> *Todo lo que tiene vida tiene que dar frutos, es decir, resultados. .*

Todo lo que tiene vida tiene que dar frutos, es decir, resultados. A Dios le gusta que demos frutos. Es algo que ya desde un principio lo dio a conocer a Adán y Eva: "… y los bendijo con estas palabras: 'Sean fructíferos y multiplíquense…'" (Génesis 1:28 NVI). ¿Y recuerdas la historia de Jesús con la higuera, que cuando se acercó y no encontró frutos le dio la orden de que se secara?

En el colegio o en la escuela, las buenas notas son el resultado de haber estudiado con dedicación, de haberte esforzado. En el trabajo, si estás en el área de ventas y ganas muchas comisiones, eso será el resultado de tu esfuerzo por conseguir muchos clientes y cerrar muchas ventas. En el deporte, las medallas que cosechas son el resultado de horas y horas de entrenamiento. Y en el campo de lo espiritual, ¿cómo medirías esos resultados? En el ámbito del liderazgo, ¿cómo podrías contabilizar esos frutos? ¿Por la cantidad de personas que te dan un "like", o por los discípulos que ayudas a desarrollarse y las vidas que has visto transformadas?

Jesús nos dice que si nosotros permanecemos conectados a Él, y si Él permanece en nosotros, entonces daremos resultados, daremos fruto. Un fruto que será palpable, visible. La gente lo notará, nuestros equipos lo sentirán. El desafío que tenemos como líderes es dar mucho fruto allí donde sea que Dios nos quiera usar. Él nos equipa, nos da los recursos, y espera que seamos diligentes para obtener buenos resultados. Resultados que se puedan medir en vidas transformadas y capacitadas para, a su vez, seguir dando frutos para la gloria de Dios.

PREGUNTAS PARA REFLEXIONAR

1. ¿Por qué es importante que demos fruto?

2. ¿Cómo podríamos medir cuánto es "mucho fruto"? ¿Qué cantidad debería ser?

3. ¿Qué piensas que está sucediendo con un líder cuando este no da frutos?

4. ¿Qué frutos estás dando tú?

SEPARADOS NO FUNCIONA

"... pero si uno de ustedes se separa de mí, no podrá hacer nada".

Imaginemos que vamos a un bosque y arrancamos de raíz un pequeño árbol. ¿Cuánta vida le quedaría después de eso? Probablemente horas, o tal vez días, pero luego comenzaría a secarse, porque al separarse de la tierra se desconectó de su fuente de nutrientes. De igual manera, si una rama se corta del árbol, ya no tendrá posibilidad de llevar fruto, porque no recibe el alimento necesario para poder hacerlo y terminará secándose. Lo mismo puede suceder con nuestra vida. Si nos separamos de Jesús, no tendremos los recursos necesarios para dar fruto. Muchos jóvenes por diferentes razones se separan de sus grupos, de su iglesia o de sus líderes, y así se desperdicia todo el potencial que tenían para poder dar fruto.

El mundo de hoy tiene a su disposición infinitas soluciones virtuales y tecnológicas que facilitan inmensamente la "comunicación" a distancia. Pero eso no significa que estemos logrando los resultados que podríamos obtener si dedicáramos tiempo al contacto cercano, cara a cara, con las personas. Es cierto que hace algunas décadas era muy difícil escuchar el audio de una predicación, ver un video o acceder al material que nos ayudara en nuestro crecimiento; hoy todo eso está en nuestras manos, en nuestros dispositivos. Pero el hecho de que exista infinitos contenidos audiovisuales y muchísima información, no necesariamente nos hace crecer. Podríamos estar muy informados pero poco formados.

De igual manera, el hecho de que exista un sinfín de aplicaciones y redes sociales que nos dan la posibilidad de estar "conectados", no necesariamente significa que se establezca entre las personas una conexión de calidad, de corazón a corazón. Para lograr eso (¡y es tan necesario lograrlo!), debemos ser intencionales en establecer conexiones genuinas, aun desde la virtualidad cuando no haya otra opción, pero poniendo todos nuestros sentidos al servicio de atender y entender las verdaderas necesidades del corazón de las personas que lideramos. Lo mismo se aplica a nuestras relaciones con todos aquellos con quienes compartimos la vida, en la familia, en el ministerio, en el trabajo o en el estudio.

Una de las razones por las que es tan importante cuidar en qué usamos nuestro tiempo es que, ya sea que lo busquemos o no, daremos frutos o resultados acordes a aquellas cosas en las que hemos invertido más horas de nuestra vida. Si prestas atención, notarás que si has pasado mucho tiempo mirando series y pegado al streaming, tu vida comenzará a dar fruto acorde a lo que has estado viendo. Si pasas tiempo escuchando chismes de las señoras del vecindario (que no es que te gusten, claro, pero te entretienen), tu vida dará fruto de chisme. Ya Pablo les advirtió sobre esto a los Corintios: *"No se dejen engañar: 'Las malas compañías corrompen las buenas costumbres'"* (1 Corintios 15:33 NVI). ¡Debemos estar muy atentos a qué o a quiénes estamos conectados!

Estar conectados siempre tendrá consecuencias, ya sea positivas o negativas. Todo dependerá de a qué o a quién te conectas.

No podemos esperar buenos resultados en nuestro estado físico si pasamos el día tirados en la cama o el sillón. Y no podemos esperar ser mejores líderes si pasamos buena parte del día disfrutando de los chistes y videos que nos envían por WhatsApp. Estar conectados *siempre* tendrá consecuencias, ya sea positivas o negativas. Todo dependerá de a qué o a quién te conectas.

Te diré algo que tal vez toque una fibra muy sensible. El hecho de estar presente físicamente no necesariamente significa que estés conectado. Sabemos que existen matrimonios que han decidido soportar el permanecer juntos, y que para eso llegaron a un acuerdo: yo traigo el dinero, tú te encargas de la casa, yo hago esto, tú haces lo otro, hagámoslo por los hijos, etc., etc. Ellos están presentes físicamente, pero separados emocional y espiritualmente. Cada uno por su lado, con una relación rota.

Lamentablemente, muchas personas permanecen en la iglesia en condiciones similares: asisten a las reuniones y a los estudios bíblicos porque les gustan los amigos, por el qué dirán, o para que su familia piense que son cristianos, pero espiritual y emocionalmente están desconectados. Por supuesto, que el resultado es evidente, y es triste decirlo, pero el mundo a veces ya no encuentra una diferencia entre alguien que se dice cristiano y alguien que no lo es, salvo que el primero asiste a la iglesia, o a un grupo de amigos donde leen la Palabra. El problema es que la Palabra cae en las piedras o entre espinos y no da el fruto de vidas transformadas.

Los cristianos estamos llamados a hacer una diferencia en este mundo, pero no porque asistamos a las reuniones. Podemos hacer la diferencia porque estamos conectados espiritualmente con nuestro Padre, porque el Espíritu Santo habita en nosotros, tenemos su sello, y hemos sido llenos de su poder para ser testigos, para manifestar el amor de Dios, para llevar el mensaje de salvación a toda tierra y nación.

Más incluso que nuestras acciones, Dios mira la sinceridad de nuestros corazones y la calidad de nuestra conexión con Él. Y la esencia de esa conexión, la base sobre la que debe estar fundada, es: *"'Ama al Señor tu Dios con todo tu corazón, con toda tu alma, con todas tus fuerzas y con toda tu mente', y 'ama a tu prójimo como a ti mismo'"* (Lucas 10:27). Esto es lo que debemos estar dispuestos a hacer las veinticuatro horas del día, los siete días de la semana.

PREGUNTAS PARA REFLEXIONAR

1. ¿Cuáles piensas que son las razones más comunes por las que las personas suelen alejarse de Jesús, de la iglesia o de sus líderes?

2. ¿Qué podríamos hacer como Iglesia para prevenir o evitar estas cosas?

3. ¿Cuáles son las cinco cosas o personas con las que más tiempo pasas conectado cada semana? ¿Qué resultados o qué frutos crees que puede traer esto a tu vida?

4. ¿Cuán conectado te sientes a la fuente que es Jesús? Piensa en algunas ideas que podrías poner en práctica para mejorar esa conexión.

CAPÍTULO 13

Transformación

"Jesús les dijo: 'Síganme. En lugar de pescar peces, les voy a enseñar a ganar seguidores para mí'. En ese mismo instante, Pedro y Andrés dejaron sus redes y siguieron a Jesús".

Mateo 4:19-20 TLA

"Las personas cambian cuando se dan cuenta del potencial que tienen para cambiar las cosas".

Paulo Coelho

Esta frase de Paulo Coelho me llena de esperanza, pero por otro lado también me hace pensar que lamentablemente la mayoría de las personas no son conscientes del potencial que tienen. Y es muy cierto que las personas cambian cuando se dan cuenta del potencial que tienen, pero ¿qué sucede si nunca llegan a darse cuenta? ¡Piensa en cuántas personas solo están utilizando el 30%, 40% o aun el 60% de sus capacidades, sin siquiera imaginarse que podrían dar muchísimo más!

¿Te imaginas a una pantera diciendo: "¡Uy, no creo que tenga el potencial para correr tan rápido!"? ¿O a un ave diciendo: "¡No creo que sea yo tan hábil como para volar!"? Los animales nunca tienen dudas acerca de lo que pueden hacer. En cambio nosotros, los seres humanos, muchas veces ignoramos nuestro potencial, o desconfiamos de él, o simplemente lo desaprovechamos por no saber cómo utilizarlo bien. Es por eso que en la actualidad, en las redes sociales y páginas web, puedes encontrar una oferta infinita de métodos y recursos dirigidos a "alcanzar tu máximo potencial". En serio, ¿has notado como creció últimamente la oferta de recursos de este estilo? ¿Por qué crees que sucede esto?

La razón es sencilla: por un lado, porque el ser humano se ha limitado y ha perdido mucho de su potencial por adaptarse a una cultura del mínimo esfuerzo. Por otro lado, porque hay muchos que han quedado atrapados por ideas o suposiciones que los llevan a generar una hipótesis en su mente acerca de todo lo que *no* podrán hacer, tener o ser. Muchos quedan paralizados, por ejemplo, frente a la idea de que no podrán llegar a alcanzar los títulos académicos que se han propuesto. Y como este, hay miles de ejemplos.

Lamentablemente, esa mentalidad autolimitante se ha enraizado, no solo en el mundo en general, sino también en la Iglesia. Hoy más que nunca necesitamos escuchar a Pablo diciéndonos: *"Y no vivan ya como vive todo el mundo. Al contrario, cambien de manera de ser y de pensar. Así podrán saber qué es lo que Dios quiere, es decir, todo lo que es bueno, agradable y perfecto"* (Romanos 12:2 TLA). Necesitamos ser transformados; nuestra mente debe ser renovada, primeramente para descubrir el propósito de Dios para nuestras vidas, y luego para decidirnos a confiar en que ¡sí, podemos!, convencidos de que Él nos va a capacitar y ayudar a alcanzar la meta.

Como líderes, es también nuestro deber mostrarles a las personas cuál es su verdadero potencial, fortalecer su identidad y ayudarlos luego a caminar en el propósito de Dios para sus vidas, convencidos de que serán capaces de alcanzarlo.

Aquí es donde rescato la trascendencia del versículo que encabeza este capítulo, que habla precisamente de ser transformados. Jesús les dijo a sus discípulos: *"Síganme y los convertiré en pescadores de hombres"*. En otras palabras, los convertiré en las personas que ustedes están llamadas a ser. Hoy tú estás haciendo algo, tal vez administrando una empresa o negocio, o quizás eres pastor, líder en un ministerio o maestro de niños. No importa la tarea que estés realizando, es muy probable que Jesús te esté llamando y diciéndote: "¡Todavía tienes mucho potencial! Si me sigues, si estás dispuesto a ser transformado, ¡descubrirás que Dios tiene para ti mucho más de lo que tú imaginas!". Jesús les dijo a sus discípulos: *"los haré pescadores de hombres"* y lo cumplió, porque Él sabía cuál era el máximo potencial de ellos. De igual manera el Señor conoce el de cada uno de nosotros.

Por supuesto que no estoy diciendo que el desarrollo académico, social, laboral o profesional que hasta hoy has logrado no sea relevante, sino todo lo contrario. Dios usará tu experiencia en las áreas en las cuales te has capacitado, pero existe un factor multiplicador, un factor transformacional capaz de liberar tu máximo potencial, para que se pueda cumplir en tu vida el propósito para el cual has sido creado.

> *Dios solo puede hacer cambios en tu vida y a través tuyo si tu corazón está dispuesto a ser transformado.*

Recuerda: Dios solo puede hacer cambios en tu vida y a través tuyo si tu corazón está dispuesto a ser transformado.

Hace unos años escribí un libro que aún está pendiente de publicación (está en reserva para el momento que Dios decida); esta historia tomada de ese libro, es oportuna y por eso quiero compartirla contigo ahora...

En una conferencia a la que tuve oportunidad de asistir hace un tiempo, el disertante contó una historia que me impactó. Comenzó diciendo: "Sapo es un muchacho que durante mucho tiempo estuvo mendigando, drogándose, bebiendo alcohol y durmiendo en un parque cerca de una universidad. La vida de Sapo era una tragedia. Era un joven destinado al fracaso, al olvido. Nosotros tuvimos la oportunidad de rescatarlo de ese lugar, y hace unas semanas lo inscribimos en la universidad para seguir la carrera de Arquitectura. En ese momento, cuando estábamos en la Facultad, Sapo de repente comenzó a llorar. Alguien le preguntó: '¡Sapo! ¿Qué te pasa? ¿Te duele algo? ¿Qué tienes?'. El muchacho, con lágrimas en sus mejillas, respondió: 'Es que yo hace mucho tiempo, cuando estaba en ese parque (señaló un lugar fuera de las oficinas de la universidad) tirado, mendigando, drogándome y solo, soñé que algún día entraría a esta universidad, pero a estudiar y no a pedir dinero... ¡y hoy se está cumpliendo mi sueño!'. Sapo era un joven sin futuro, metido en lo más profundo de un abismo del que nadie más que Dios podría haberlo sacado, pero el Señor, a través de personas sensibles que invirtieron en su vida tiempo y recursos, le dio identidad y cumplió su sueño".

Luego el conferencista preguntó a la audiencia: "¿Qué paso? ¿Por qué Sapo salió de ahí? ¿Qué hizo a Sapo diferente?". La mayoría del público presente, pretendiendo mostrar gran sabiduría, contestó: "¡Le entregó su vida a Dios!". Pero no, fue algo más, explicaba el experto. "Fue obediente", agregamos algunos. "No", continuó el disertante. "Creyó en las promesas de Dios, vio un mejor futuro", se escuchó que dijeron algunos. "No, no fue eso tampoco", respondió el conferencista. Finalmente, luego de un momento de silencio, nos reveló la respuesta: "¡Sapo tuvo la valentía de estar dispuesto a transformar su corazón y su vida!".

¡Claro, él estuvo dispuesto a ser transformado! Cuando escuché eso, se me erizó la piel. Porque Dios no solo quiere tu obediencia, no solo quiere que leas su Palabra, no solo quiere que creas en sus promesas, que vayas a la iglesia, que des tu diezmo y ayudes al necesitado; no solo quiere eso. Él necesita que dispongas tu vida para poder transformarte.

ENSEÑA EL CAMINO

"Jesús les dijo: 'Síganme...'".

Seguramente habrás escuchado la famosa frase del Chapulín Colorado que dice: "¡Síganme los buenos!". Cada vez que este personaje mencionaba esa frase, era porque se ponía en marcha su plan de rescate. ¡Había una tarea que cumplir!

Cuando Jesús nos dice: "Síganme", también está emprendiendo un plan de rescate. Pero a diferencia del Chapulín Colorado, Jesús siempre tiene un plan perfecto y claramente definido. Él sabe hacia dónde va, nos enseña el camino y nos capacita para la tarea que nos va a encomendar. Lo único que necesitamos es estar dispuestos a seguirlo.

De Jesús aprendemos a ser líderes que acompañan de una manera cercana, con humildad y compasión.

Muchos líderes hoy en día piensan que el liderazgo se reduce a dar directrices desde una plataforma para que la gente las ejecute. Pero si miramos a Jesús, que debería ser nuestro máximo referente, queda muy claro que ese no es el estilo de liderazgo que Él modeló para nosotros. De Jesús aprendemos a ser líderes que acompañan de una manera cercana, con humildad y compasión.

Personalmente, me he encontrado con muchas personas que tienen el deseo de hacer grandes cosas, que tienen el entusiasmo y la energía necesarios para poder cumplir muchos proyectos y emplear el potencial que Dios les ha dado, pero que por alguna razón no encuentran el camino para llegar al objetivo. Como líderes compasivos tenemos que saber guiarlos en el camino.

El problema surge cuando los líderes se limitan a dar órdenes de cómo deben hacerse las cosas, en lugar de proporcionar lo que en realidad las personas están necesitando, que es alguien que los acompañe desde su propia experiencia para que tengan una excelente aventura de vida. Qué privilegio para una persona que su líder le diga: "Ven, yo te voy a enseñar el camino. Te voy a enseñar todo lo que sé, voy a compartir contigo mis conocimientos, mis experiencias y, lo que tal vez sea aún más importante, te voy a mostrar lo que aprendí de mis errores para que tú no los repitas".

Seguramente has escuchado muchas historias sobre guías de montaña o de turismo. Si has tenido la oportunidad de participar en algún tour, sabrás que cuando te encuentras con una de estas personas tan capacitadas, en seguida piensas: "¡De este no me despego, no vaya ser que me pierda! O que no disfrute del tour o no obtenga toda la información. Él sabe y conoce, ¡mejor yo me quedo cerca!". Las generaciones actuales, y no me refiero solamente a los jóvenes sino también muchos no tan jóvenes, necesitan de ese liderazgo que enseña el camino, de ese liderazgo que está dispuesto a ponerse el sombrero, la pantaloneta, la camisa color caqui y las botas para meterse entre las montañas y comenzar a guiarlos en lo que será la aventura más importante de sus vidas: encontrar su propósito y llegar a cumplirlo.

PREGUNTAS PARA REFLEXIONAR

1. ¿Has tenido en alguna etapa de tu vida algún líder que te haya guiado o acompañado de una manera cercana como la que acabamos de ver en estos párrafos? ¿Qué efectos tuvo esto en tu vida?

2. ¿Cuánto de tu tiempo dedicas tú a acompañar a otros en sus aventuras de vida?

ENSEÑA LA TAREA

"... les voy a enseñar...".

Cuando a ti se te asigna un nuevo desafío, uno de los grandes temores es: ¿cómo lo voy a hacer? ¿Será que tengo las habilidades necesarias para llevar a cabo la tarea o la responsabilidad que me asignaron?

Hace muchos años, durante un breve período, tuve un jefe en la empresa en la cual me desempeñaba cuya forma de liderar era muy particular. La especialidad en la cual he trabajado mucho tiempo es el marketing, es decir, el desarrollo de productos, marcas, publicidad y todo lo referente al mercadeo. En ese momento, esta persona llegó para ocupar una posición de dirección dentro de la organización, precisamente en el área de mercadeo en la cual yo trabajaba.

Recuerdo que una de las cosas que nos sorprendió a varios integrantes del equipo fue que un día llegó y nos dijo: "Necesito que hagan el plan de mercadeo para sus productos". Nosotros teníamos claro cómo era la estructura de un plan de mercadeo, pero no sabíamos exactamente cómo lo quería él, ni qué esperaba que incluyéramos en el plan. Es como si te dijeran que prepares una buena sopa, pero según en qué país te encuentres, o cómo le guste a la familia, necesitarás que te digan al menos qué ingredientes es importante que lleve.

Después de encargarnos ese plan, dejó en nuestros escritorios unas cuantas hojas engrapadas que contenían la estructura de un plan de mercadeo de cierta universidad. Se trataba de un documento muy completo, pero cuando un experto en determinada área te encarga una tarea, no recurre a un libro o a la web para dar sus instrucciones, sino que lo habitual es que lo haga basado en sus experiencias, en función de lo que ya ha hecho con anterioridad. El documento era excelente, pero la mayor parte del contenido no era aplicable a nuestro caso, porque era muy genérico y no estaba enfocado al área o sector en cual nosotros nos desempeñábamos.

Con el objetivo de no trabajar en vano, me acerqué a su oficina y le pregunté a este jefe: "Oye, ¿tienes algún plan de mercadeo que hayas realizado con anterioridad? Sería para tomarlo de base y que nos pueda guiar para aplicarlo en el caso que nos ocupa...". Su respuesta fue tajante: "¡Hagan lo que está en las hojas que les entregué! ¡Eso es lo que yo necesito!". Desconcertado, le pregunté nuevamente si tenía alguna referencia, algún plan de mercadeo previo como para darnos una pauta de cómo quería que lo hiciéramos, pero su respuesta fue una vez más: "¡Hagan lo que está en las hojas!".

¿Sabes finalmente qué pasó? Terminamos haciendo lo que nosotros por experiencia conocíamos y lo que considerábamos que más favorecía a la organización. Completamos el plan de mercadeo, se lo presentamos y este jefe ni siquiera comparó lo que nosotros elaboramos con lo que él nos había dejado como "guía". Simplemente dijo: "¡Ah, ok, perfecto, ahora eso es lo que van a ejecutar!". No le dedicó ni siquiera un momento como para ver si la tarea que nos había encargado estaba completa o no. Desconozco si fue porque el tema no era de su interés, por indiferencia o simplemente porque no sabía cómo enseñar la tarea y tampoco cómo evaluarla. El hecho es que, como era de esperar, ese jefe no duró mucho en el puesto.

Sin duda todos hemos encontrado en las iglesias, organizaciones y en las familias ejemplos como el que les relaté. Muchas veces quien nos encomienda una tarea no nos explica cómo espera que se realice, o no nos enseña cómo hacer el trabajo que nos encarga. Sabemos que existe una expectativa, una situación que resolver, pero no tenemos un modelo para guiarnos que ejemplifique cómo realizar la tarea para dejar satisfecho a quien nos la encomendó. Jesús es diferente. Él no solo nos enseña, sino que también nos modela la manera de proceder. No ejerce un liderazgo dictatorial (aunque tendría la autoridad para hacerlo), sino que nos acompaña y nos guía a lo largo de todo el proceso.

Como líderes, de vez en cuando es necesario hacer una pausa y evaluar si es que estamos enseñando a las personas cómo hacer las tareas que les encomendamos, o si nos limitamos a exigirles resultados sin siquiera explicarles qué es lo que esperamos de ellos, o cómo necesitamos que hagan las cosas. ¿Qué tipo de liderazgo estoy multiplicando? ¿Qué tipo de acompañamiento estoy dando? Pero más duro aún, ¿qué estoy modelando? Una cosa es decir y otra cosa es hacer, y los que nos miran nos imitan.

De hecho, ¡esa fue la gran fortaleza del liderazgo de Jesús con sus discípulos! Él les dijo: "¡Vengan, síganme! Yo les mostraré el camino, pero también les enseñaré cómo caminar en él. Aprovecharé sus fortalezas; ¡yo sé en qué son buenos, y le daré el mejor uso a sus talentos para la extensión del Reino!"

"... *En lugar de pescar peces, les voy a enseñar a ganar seguidores para mí...*". Cuando Jesús pronunció estas palabras, marcó un antes y un después en las vidas de esos hombres. Hoy, como buenos líderes compasivos, debemos acompañar a aquellos que nos siguen en el proceso de descubrir hacia dónde caminar y cómo hacerlo, y dedicarnos a ellos con amor y paciencia, así como Jesús lo hizo con sus discípulos.

PREGUNTAS PARA REFLEXIONAR

1. ¿Te han encargado alguna vez una tarea sin explicarte exactamente cómo realizarla o qué se esperaba de ti? ¿Cómo te sentiste?

2. Del 1 al 10, ¿qué tan buen maestro te consideras?

3. ¿Cuál ha sido hasta ahora tu forma de asignarle una tarea a alguien? ¿Qué podrías cambiar a partir de la lectura de este libro?

SERVICIO INSTANTÁNEO

"... En ese mismo instante...".

Hoy está muy de moda todo lo "exprés", todo lo instantáneo. Vivimos en la era del microondas y todo lo queremos rápido. No solo calentar una comida en minutos, sino también ascender en la empresa o crecer en el ministerio con un chasquido de dedos.

¿Sabes dónde reside el éxito de las series por streaming y de las plataformas de contenido audiovisual? ¡En que ya tienes todas las temporadas allí! Puedes ver todo, y si quieres adelantar capítulos lo puedes hacer. Eso te genera la satisfacción de tener el control de la situación, de poder hacerlo tan rápido como quieras. En mi infancia era muy distinto. Tal vez algunos recordarán que los programas eran semanales, y no existía otra posibilidad que esperar siete días para ver el siguiente capítulo. Y si no habías hecho la tarea de la escuela, o si habías salido y no estabas frente al televisor a esa hora, te lo perdías y debías esperar otra semana y que algún amigo te contara lo que había sucedido en el episodio que no habías podido ver…

En la actualidad todo es más rápido, y podríamos nombrar muchas otras cosas además de series y películas que se pueden conseguir de manera casi instantánea. También estoy seguro de que a ti te sucede a menudo lo mismo que a mí, que cuando oras dices cosas como: "¡Señor, te pido esto, pero que sea ahorita por favor, porque lo necesito urgente!", o "¡Sáname rápido, Señor, para que pueda seguir haciendo mis rutinas de manera normal!". Tratamos a Dios como si fuera el genio de la lámpara que tiene que cumplir nuestros deseos y peticiones de manera instantánea. Pero, ¿y qué sucede cuando Dios nos llama? Cuando Él nos pide algo, ¿cómo actuamos? ¿Qué tan rápida es nuestra respuesta?

Una de las cosas que distinguió a los discípulos de Jesús fue que no lo pensaron tanto. Su disponibilidad fue instantánea. Mostraron una entrega total, y estuvieron dispuestos a dejar de lado todo lo demás.

Hay una historia en 1 Reyes 19 que narra cómo fue la sucesión de un gran profeta, Elías. Hay dos cosas que me cautivan en esta historia: una es la inmediatez con la cual actúa Elías cuando Dios le encomienda, entre otras cosas, que vaya y busque a Eliseo porque ese iba a ser su sucesor. La otra es la prontitud de Eliseo al disponerse a responder al llamado. La respuesta de Eliseo al llamado de Elías y su disposición para el servicio fue inmediata, casi instantánea. Por supuesto que hubo un breve proceso de despedida y de recoger probablemente alguna ropa o algún otro elemento para salir a la misión, pero el relato nos dice que Elías llegó al campo donde él se encontraba trabajando y solo tiró su manto sobre él, y *"entonces Eliseo dejó sus bueyes y corrió tras Elías..."* (1 Reyes 19:20 NVI).

> Si te encuentras a la expectativa de que Dios te llame para usarte pero esperas sin hacer nada, es muy probable que el llamado no llegue.

Aquí quisiera hacer una observación, otra de las cosas que podemos rescatar de este episodio. Vemos que Eliseo no estaba ocioso cuando Elías vino a buscarlo. La Biblia nos relata que Eliseo estaba trabajando, arando la tierra con sus bueyes. No era alguien reposando en una hamaca mientras esperaba que el Señor le hablara o le encargara una tarea. Así que, cuidado. Si te encuentras a la expectativa de que Dios te llame para usarte pero mientras tanto esperas sin hacer nada, es muy probable que el llamado no llegue, porque Dios busca gente activa, gente trabajadora. El Señor busca obreros diligentes, trabajadores, esforzados y valientes.

Ahora bien, siguiendo con Eliseo, vemos que él se encontraba ejecutando una tarea y en medio de esa actividad llegó Elías, y no es que le haya dicho: "Mira, te quiero pedir un favor... Estaba orándole al Señor y me mostró que había una oportunidad, una plaza vacante en el ministerio profético... Si quieres apuntarte, puedes enviar tu Currículum Vitae para que lo evaluemos...". ¡No! Leemos que Elías directamente *"...se acercó a él, le puso el manto en sus hombros y se alejó"* (1 Reyes 19:19), y vemos que en ese mismo instante *"Eliseo dejó los bueyes allí, corrió tras Elías, y le dijo: —Primero deja que me despida de mi padre y de mi madre con un beso, y luego me iré contigo..."* (1 Reyes 19:20). ¡Qué maravilla!

No sé si te ha pasado que de pronto ves potencial en una persona y quieres que se desarrolle, entonces te acercas con propuestas súper atractivas en las cuales él o ella podrían multiplicar sus dones, ¡porque sabes que pueden hacerlo! Y les dices: "Mira, quiero que me ayudes con esto, quiero delegarte esta tarea, quiero que tú seas el líder de esta área, ¡quiero que puedas crecer y desarrollar tu potencial!", y la respuesta de ellos muchas veces es: "No, gracias... es mucho trabajo... no quiero...", o encuentran excusas para no responderte. Y luego de un tiempo los vuelves a encontrar y ellos están en el mismo lugar, estancados y perdiéndose la posibilidad de ser partícipes en la extensión del Reino porque simplemente no estuvieron dispuestos a atender el llamado al servicio.

> *Cuando el Señor te llama a hacer algo, la respuesta tiene que ser instantánea.*

Como líderes, debemos tener presente también que el servicio instantáneo es algo que se debe modelar. Con esto no te estoy diciendo que debes servir en todo lo que te presenten, saturando tu agenda y atendiendo a las personas sin descansar nunca. Creo que tenemos que ser prudentes y sabios para administrar y gestionar el tiempo, ese recurso tan valioso que el Señor nos ha dado, para sacarle el mejor provecho sin agotarnos. Pero cuando el Señor te llama a hacer algo, la respuesta tiene que ser instantánea. Cuando una persona necesita de ti, tienes que estar cerca. Cuando se presenta la oportunidad de manifestarle el amor de Dios a alguien, tienes que hacerlo sin demorar, ya sea con una oración, un abrazo, una llamada... porque no sabes cuándo un mensaje instantáneo puede hacer una diferencia enorme en la vida de otra persona.

Nuestra disposición de corazón debe ser sin demora, instantánea, porque no hay mejor lugar que estar allí donde Dios desea usarnos.

PREGUNTAS PARA REFLEXIONAR

1. ¿Qué tan dispuesto estarías hoy a responder afirmativamente si Dios te llamara al servicio de tiempo completo en un ministerio?

2. ¿Cuáles son las barreras o los motivos por los cuales no irías de inmediato?

3. ¿Estás seguro de que Jesús no te ha llamado a servirle a tiempo completo?

DEJARON SUS REDES

"... dejaron sus redes y siguieron a Jesús".

Un día, alrededor de las 6:40 de la tarde/noche estaba yo aún trabajando en la oficina, cuando de pronto escuché sonar mi teléfono. Contesté la llamada, y resultó ser la asistente de la Gerencia General, que me decía: "¡El jefe lo llama!". Dejé de hacer las cosas que estaba haciendo y le respondí a la asistente que con gusto iría de inmediato. Bloqueé mi computadora, tomé mi cuaderno y una lapicera para anotar, y me puse a pensar para qué me habría llamado a esta hora. Mientras iba caminando, todas las ideas que me venían a la cabeza eran negativas. Es más, hasta olvidé qué era lo que estaba haciendo en primer lugar y por qué estaba tan tarde en la oficina. Entonces se me acabó el recorrido. Llegué a la oficina del Gerente General, le dije buenas noches a la asistente que me esperaba en la entrada, y ella me respondió: "¡Pase, pase, ya lo está esperando!". Toqué a la puerta de su despacho y entré. Tras saludarnos, el jefe me dijo: "Siéntate, te quiero comentar algo. Luego de analizar varias cosas, quiero decirte que a partir de este momento te promuevo a la Gerencia. Por supuesto, si es que te interesa... Así que, ¿qué opinas? ¿Aceptas el reto?". Creo que tardé unos segundos en salir de mi asombro, pero luego le respondí: "¡Sí, por supuesto que sí!". Esa noche, además de sorprendido, salí de esa oficina contento y agradecido con la empresa, pero aún más con Dios, por esa gran oportunidad que se me había abierto. Si no estamos preparados para aceptar los desafíos que se nos presentan, otro los tomará. Por eso, debemos estar siempre preparados de modo que, cuando llegue el tiempo, seamos prontos en aceptar los retos que se nos ponen por delante y que son para nuestro crecimiento, porque esto también es un testimonio y tiene un propósito para el Reino.

Tal vez pueda llamarte la atención, pero te diré que pastorear en una iglesia no era uno de mis objetivos de vida. Sin embargo, como suele pasar, cuando Jesús llega, nuevas oportunidades se nos presentan. Y eso fue lo que me ocurrió a mí con el ministerio. Era a mediados de año 2013 cuando el pastor de la iglesia a la cual asisto se me acercó y me dijo: "A ti te gusta el ministerio juvenil, ¿verdad?". Yo le respondí: "¡Sí, es lo que me apasiona!". "Entonces ya está," dijo él, "¿quieres encargarte de los jóvenes en la iglesia?". Como siempre que me encuentro en una situación así, yo hubiera querido tener un tiempo para consultar, buscar consejo, orar, ayunar y buscar una confirmación de parte de Dios. Pero no... Siempre han sido momentos en los que tuve que decidirme rápido, como les pasó a los primeros discípulos cuando Jesús se acercó y les lanzó esa pregunta, "¿Me siguen?". Yo sentí que el Señor en ese instante me preguntaba: "¿Me sigues?", y por eso, sin dudarlo, le respondí al Pastor: "¡Vamos con todo!". Unos segundos después se me ocurrió preguntarle: "¿Y qué tengo que hacer yo? ¿Quiénes son las otras personas que estarán en el ministerio?". Él me sonrió y me dijo: "Pues eres tú y tu esposa, cuando te cases". Nos reímos un rato, y entonces entendí que nos tocaría empezar desde cero, pero fue, y aún hoy sigue siendo, una aventura maravillosa el haber dejado mi comodidad y haber arrancado este proyecto que ha sido de bendición para tantos jóvenes.

Algo similar les sucedió a los discípulos. Ellos fueron rápidos para decidirse a seguir a Jesús, y ellos también dejaron sus redes, su trabajo anterior, y aceptaron el desafío de disponerse a ser usados por Él para sus propósitos.

Desde un comienzo los discípulos tuvieron claro que la manera de seguir a Jesús no era con sus propios métodos y recursos, sino que tendría que ser algo nuevo. Nosotros hoy día también debemos tener claro que nuestra forma de trabajar en el liderazgo debe renovarse constantemente porque la cultura cambia, las personas cambian, y nuestro enfoque debe estar siempre puesto en proporcionar ese acompañamiento personalizado que cada nueva persona a la que ayudamos necesita, y no encasillarnos en la estructura de lo que ya habíamos aprendido. El reto es a que dejemos nuestras redes y confiemos en que Dios nos mostrará en cada momento la mejor forma de realizar la tarea que Él nos ha encomendado.

PREGUNTAS PARA REFLEXIONAR

1. ¿Te sucedió alguna vez sentir que el Señor te llama a algo pero que tienes que decidirte rápido? ¿Qué le respondiste?

2. ¿Qué harías si mañana el Señor te llamara a servirle en un nuevo ministerio? ¿Dejarías las redes que tienes ahora, y te animarías a ser guiado por Él en el trabajo que Él quiera encomendarte?

BUEN DESTINO

"... y siguieron a Jesús".

A muchos nos ha sucedido alguna vez que tomamos un camino creyendo que nos conduciría a donde queríamos llegar, pero

169

después resultó que nos habíamos equivocado de ruta. ¡El hecho de que avancemos por un camino no indica necesariamente que vayamos a llegar a un buen destino!

Hoy en día hay numerosas apps con geolocalización que pueden brindarte instrucciones para llegar a cualquier lugar que desees. Pueden avisarte si te sales del camino correcto, y saben decirte cuál es la ruta más corta y cuál la menos transitada, o si hay problemas más adelante que te conviene evitar. Pero… si tú no escuchas, puede que termines extraviándote o perdiendo un tiempo valioso.

En un viaje de vacaciones con mi esposa, llegamos a nuestro destino en un vuelo a las 00:30 de la madrugada. Salimos de migraciones, fuimos a recoger nuestras maletas, y luego avanzamos hacia las oficinas de alquiler de automóviles. A esa altura ya eran aproximadamente las 2:00 AM. Nos entregaron el vehículo y nos preguntaron si necesitábamos GPS. Respondimos al unísono "¡No, gracias, tenemos nuestros celulares!". Todo el mundo sabe que actualmente los celulares vienen equipados con toda clase de soluciones, incluyendo GPS y apps de geolocalización. Lo que nosotros no sabíamos en ese momento era que el roaming no iba a funcionar.

Nos percatamos de este detalle a poco de comenzar a andar. Yo, muy optimista, le dije a mi esposa: "Tú tranquila, seguro al salir de los edificios captaremos la señal". Pero no fue así. Entonces fue el momento de tomar unas autopistas, así que le dije a mi esposa: "¡Vamos en el nombre de Dios!". Ella iba tratando inútilmente de arreglar los celulares, apagando, encendiendo, apretando botoncitos, haciendo de todo para intentar que algo sucediera. Yo mientras tanto iba orando, pidiéndole a Dios que no nos perdiéramos a esas horas de la noche. Y así, confiando en la ayuda de Dios, y tratando de hacer memoria sobre cómo podría llegar al destino, luego de estar unos treinta y cinco minutos conduciendo le dije a mi esposa: "Yo me bajo de la autopista en la próxima salida, y esperemos que esto nos lleve al hotel". Avancé durante unos diez minutos hasta que en determinado momento pensé: "Estas calles están vacías... No parece que vayamos bien...". Entonces alcancé a ver un boulevard dos cuadras más adelante, y cuando me disponía a cruzar para salir de ese lugar, levanté la vista y... ¡ahí estaba! Habíamos llegado al hotel por la parte de atrás, no sabemos cómo, pero sin duda sentimos que fue el favor de Dios lo que nos guio y nos llevó a buen puerto.

La historia tuvo un buen final, pero si hubiéramos tenido las indicaciones de la aplicación y la señal disponible, no hubiéramos tenido que pasar por toda esa situación, y llegar al hotel hubiera sido de lo más sencillo.

Jesús siempre quiere darte las indicaciones que necesitas para llegar a buen destino... pero solo puede hacerlo si tienes la señal, el roaming activo, las aplicaciones correctas y, sobre todo, ¡si estás atento a escucharlo!

PREGUNTAS PARA REFLEXIONAR

1. ¿Te has perdido alguna vez en la ciudad, o manejando en una ruta? ¿Cómo te sentiste?

2. ¿Por qué crees que hay tanta gente que, aun teniendo "un GPS" a su disposición (las instrucciones de Dios para andar por el camino correcto), no lo utiliza? Como líder, ¿qué podrías hacer para ayudarlos en esto?

CAPÍTULO 14

Una nueva forma de liderar

"Pues si yo, el Señor y el Maestro, les he lavado los pies, también ustedes deben lavarse los pies unos a otros. Yo les he dado el ejemplo, para que hagan lo mismo que yo he hecho con ustedes".

Juan 13: 14-15

Seguramente te habrás cruzado alguna vez con personas que tienen la autoridad en un determinado lugar, pero que no pueden enseñar realmente nada porque sus enseñanzas no son congruentes con lo que hacen. Por ejemplo, padres que fuman pero que intentan enseñarles a sus hijos que no fumen "porque hace daño". O adultos que mienten en frente de los niños, pero luego pretenden enseñarles a ellos que "mentir está mal". O maestros que en sus clases hablan sobre la justicia pero luego son injustos con sus alumnos.

Lamentablemente, estas historias se repiten también en los ambientes cristianos. Líderes con estilos de vida que no son coherentes con las enseñanzas que pretenden impartir, y pastores que predican lo que luego ellos mismos no ponen en práctica. Recuerda lo que Jesús le dijo a la gente acerca de los fariseos: *"... ¡Hagan lo que dicen, pero no se les ocurra hacer lo que ellos hacen! ..."*. (Mateo 23:3).

LÍDER Y MAESTRO

"... yo, el Señor y el Maestro...".

Jesús es diferente. Él nos dice: *"Pues, si yo, el Señor y el Maestro...".* Jesús se muestra como nuestro Señor, como líder, como la autoridad que Él es, pero también como alguien que nos enseña con su vida, porque esta refleja en todos sus aspectos los valores que Él quiere transmitir.

El hecho de ser líderes, jefes, coordinadores, supervisores o directores de un área no debe hacernos creer que solamente tenemos esa autoridad y la jerarquía para que nos sigan y nos obedezcan, sino que junto con la autoridad, tenemos la responsabilidad de modelar y enseñar de una manera que sea coherente con las instrucciones que impartimos.

Observemos cómo lo hace Jesús: No hay exaltación en sus palabras, ni prepotencia, sino humildad. Esto me hace pensar, ¿quién soy yo para que, desde la plataforma del liderazgo, solo me dedique a dar órdenes? Jesús nos llama a ser líderes por medio del servicio a otros. Y el arte de liderar a gente rota no reside en manipular o aprovecharse del daño de los otros, sino en ser un agente de reconstrucción, de restauración y transformación en sus vidas, para que puedan crecer y desarrollarse.

Si nuestro máximo líder, modelo y ejemplo, dejó de lado sus "títulos y honores" para venir a rescatarnos, ¡cuánto más nosotros deberíamos estar dispuestos a dejar nuestra comodidad para ayudar a otros!

En una oportunidad, en una actividad con líderes y pastores de mi país, teníamos que mover un púlpito de la tarima principal. Entonces le dije a alguien del staff: "¡Ven, ayúdame y lo movemos!". Minutos después se me acercó otro de los líderes y me dijo: "No te hubieras puesto a moverlo; para eso hay equipo... ¡Tú eres el direc

La autoridad que nos es dada debe ser un factor de influencia para bendecir a los demás, y no para que los demás nos sirvan a nosotros.

tor del evento!". Mi respuesta fue sencilla: "¡Estamos para servir!". Nuestra posición de liderazgo debe ser usada para servir y para enseñar con el ejemplo, y la autoridad que nos es dada debe ser un factor de influencia para bendecir a los demás, y no para que los demás nos sirvan a nosotros.

Muchos líderes han pagado un precio a lo largo de su trayectoria en el liderazgo. Por supuesto que no como Jesús, pero han pagado un precio, han hecho sacrificios y esfuerzos enormes, y muchas veces por esa razón creen que las personas deben inclinarse a sus pies y ovacionar sus logros. Pero en el ejemplo de Jesús vemos que Él no apeló a sus títulos sino a su amor por nosotros, para enseñarnos cómo hacer las cosas mejor y cómo practicar los principios y valores del Reino que demuestren una cultura diferente a la que el mundo conoce.

Todos los seres humanos tenemos un profundo deseo de significado y propósito en la vida, y nada nos da más felicidad que saber que hemos sido útiles para otra persona. Como líderes y maestros, nosotros estamos en una posición privilegiada desde la cual podemos marcar una diferencia en las vidas de quienes nos rodean y hacer nuestro humilde aporte para que una persona, una familia, una generación o una sociedad entera puedan cambiar. Pero para ello, debemos enseñar desde la humildad, y cuidando que nuestra vida entera sea coherente con las palabras que predicamos.

1. ¿Quién es tu líder y maestro, y que estás aprendiendo de él?

2. ¿Qué estás modelando tú frente a las personas? ¿Es tu vida coherente con los principios que intentas transmitir?

3. ¿Es tu liderazgo un ejemplo de humildad y de servicio como fue el de Jesús? Piensa en tres cosas que podrías modificar en esta área para parecerte más a Él.

LAVAR LOS PIES Y DAR EL EJEMPLO

"... les he lavado los pies... les he dado el ejemplo...".

En la época de Jesús, lavar los pies era una tarea denigrante. Cada vez que alguien entraba a una casa le lavaban los pies, pero el sirviente que hacía ese trabajo era el de más bajo rango. Además, ¿te has preguntado alguna vez en qué estado estarían esos pies después de las largas caminatas, y más aún en ese tiempo en que no se utilizaban zapatos cerrados, sino sandalias? Probablemente habían pasado por charcos, lodo, suciedad, y otras cosas tal vez más desagradables. Pero Jesús modeló la humildad más allá de su posición. Él dijo: "Yo voy a enseñarles que debemos amar a las personas", y con su estilo de liderazgo cautivó con hechos, no solo con palabras.

Los discípulos, que sin duda eran personas rotas, aprendieron del mejor restaurador, orientador y transformador, para luego salir al mundo a liderar con amor, humildad y actos de servicio. ¿Y sabes una cosa? Ese modelo sigue cautivando a personas y multitudes hasta el día de hoy.

Lamentablemente, creo que los líderes cristianos deberíamos reconocer que muchas veces lo que buscamos es que nos sirvan y nos atiendan. Sin embargo, vemos que Jesús se humilló y que así les enseñó a sus discípulos que el verdadero liderazgo debía estar basado en el servicio a los demás. Ese sigue siendo un mensaje vital para nosotros hoy. Como servidores de Dios y de la Iglesia, nuestro corazón debe estar dispuesto a una actitud equivalente a lavar los pies de las personas, para así poder demostrar el gran amor que Jesús tiene por toda la humanidad.

¿Qué tan dispuestos estamos hoy a lavar los pies sucios de alguien que llega a nuestra iglesia? O incluso, no solo de los que aún no conocen a Dios, sino de las mismas personas de nuestro equipo. ¿Qué tan dispuestos estamos a servirles con humildad?

Que no te preocupe que tu liderazgo se debilite si te muestras vulnerable, o que no confíen en ti porque eres demasiado emocional, o que luego no te respeten por haberles servido. Recuerda que Jesús, teniendo toda la autoridad, eligió humillarse y servir a otros con amor. ¡No dudes en hacer tú lo mismo!

PREGUNTAS PARA REFLEXIONAR

1. ¿Por qué piensas que Jesús se rebajó a esta labor de lavar los pies, y qué demostró con ese gesto?

2. ¿Qué crees que significa hoy en día "lavar los pies" de las personas?

3. ¿Puedes pensar en algunas personas a quienes "lavarles los pies" en los próximos días? Piensa quiénes son, y qué harás específicamente por cada uno de ellos.

HAZ LO MISMO

"... para que hagan lo mismo que yo he hecho con ustedes".

A lo largo de todo el tiempo que estuvieron juntos, Jesús les mostró a sus discípulos un ejemplo de servicio, un ejemplo de liderazgo compasivo y que transforma vidas, y luego les dijo: "Ahora vayan y repitan lo mismo".

Recuerdo que cierto día un amigo vino a verme y me dijo: "Mira, conseguí estos DVDs para hacer ejercicios; son buenísimos para bajar de peso y creo que los estás necesitando. Te los dejo acá ¡y úsalos!". Un par de días después decidí animarme, porque mi amigo me había contado que él ya estaba haciendo los ejercicios y le iba muy bien. Entonces puse el video y arrancó el entrenador a dar las instrucciones de los distintos ejercicios que había que hacer. Me esforcé e hice todas las repeticiones que él indicaba, aunque sentía que eso era un entrenamiento militar. Al cabo de lo que a mí me parecieron unos cuarenta minutos de ejercicios, el entrenador dijo: "¡Muy bien, hemos concluido los cinco minutos del calentamiento!". Y yo pensé: "¡¿Quéeeeeeé?!". ¡Esos cinco minutos me habían parecido eternos! Fue en ese punto cuando dije basta. Yo realmente no estaba acostumbrado a hacer tantos ejercicios, y no podía de ninguna forma seguirle el ritmo al entrenador. Lo que él pretendía que yo imitara me parecía imposible, y por eso decidí abandonar algo que pudo haber sido provechoso para mí.

Por supuesto que seguir a Jesús no será fácil. De hecho, Él mismo dijo: *"Si alguien desea seguirme, niéguese a sí mismo, tome su cruz y sígame..."* (Mateo 16:24). Jesús no promete que sea un camino suave y bordeado de rosas. Hacer las mismas cosas que él hizo es solo para valientes, para gente determinada y dispuesta a poner la mano sobre el arado y no mirar hacia atrás. Si te fijas, Jesús nunca les pregunta a sus discípulos si les gusta la tarea que les está encargando, o si les resulta fácil o cómoda. Él solo les indica lo que hay que hacer, y se los muestra con el ejemplo.

Sé que es difícil humillarse y servir a otros. Si Jesús te dice que laves los pies de tus familiares y amigos, de tu equipo de trabajo o de un grupo de personas que acaban de llegar a la iglesia, tú podrías exclamar: "¡Pero no se lo merecen! ¡Y además es humillante! ¡Yo no quiero rebajarme, yo tengo un nombre, una trayectoria; soy el jefe, el pastor, el líder, el coordinador! ¡Ellos tienen que servirme a mí!".

Es cierto, es difícil humillarse y servir, pero si no aprendemos a hacerlo nos perderemos la bendición de llegar a parecernos a Jesús.

PREGUNTAS PARA REFLEXIONAR

1. ¿Cuáles crees que son las formas más comunes de liderar actualmente?

2. ¿Por qué piensas que es tan difícil repetir el modelo de humildad y de servicio que nos mostró Jesús?

3. ¿Por qué el liderazgo compasivo nos enseña una nueva forma liderar?

4. ¿Qué cosas deberías cambiar en tu vida si quisieras seguir el ejemplo de Jesús en este aspecto?

CAPÍTULO 15

La compasión, ¡pásala!

"¡Demos gracias a Dios, Padre de nuestro Señor Jesucristo! Él es un Padre bueno y amoroso, y siempre nos ayuda. Cuando tenemos dificultades, o cuando sufrimos, Dios nos ayuda para que podamos ayudar a los que sufren o tienen problemas".

2 Corintios 1:3-4 TLA

"La compasión nos pide que vayamos a donde duele, que entremos en los lugares de dolor, que compartamos el quebrantamiento, el miedo, la confusión y la angustia. La compasión nos reta a llorar con los que sufren, a llorar a los que están solos, a llorar con los que lloran. La compasión requiere que seamos débiles con los débiles, vulnerables con los vulnerables e impotentes con los impotentes. La compasión significa inmersión total en la condición de ser humano".

Henri J. M. Nouwen

En el año 2009 decidimos con un grupo de amigos participar en una carrera de aventura. Por lo general, estas carreras consisten en recorrer una cierta distancia en bicicleta de montaña, un tramo corriendo o haciendo trekking, eventualmente un poco de natación, y varios retos de habilidades mentales en los diferentes puntos de control. Todo eso en una misma jornada. Eso implicaba realizar una acampada en la montaña la noche anterior porque las carreras comienzan a las 6 de la mañana. Así que, como mis amigos me invitaron, y como yo creía que estaba en condiciones de hacerlo, decidí participar. (Visto en retrospectiva, ahora puedo decirte que una cosa es tener el deseo de participar, y otra muy distinta es estar realmente preparado para una jornada como esa). La ventaja de este tipo de carreras es que vas como equipo con un compañero. En mi caso, fui con mi amigo Luis.

No entraré en todos los detalles de la carrera, pero alrededor de las 4 de la tarde, faltándonos unos 4 puntos de control, yo ya estaba completamente exhausto. Tuve que decirle a mi compañero: "¡Oye, ya no aguanto más!" a lo que él me respondió: "¡¡¡Daleeeee!! ¡Ya nos falta poco! ¡No podemos quedarnos aquí!". Él también estaba cansado, pero más entero que yo. Entonces le dije: "Creo que solo llegaremos a la montaña, y después de eso abandono."

La prueba que tocaba en ese punto de control era bajar una montaña de unos doscientos metros, y luego subir otra de unos doscientos cincuenta metros, para llegar finalmente a un cable de tirolesa. Llegué… ¡pero la altura de ese cable era para asustar a cualquiera! Hubiera abandonado en ese instante, ¿pero sabes una cosa? ¡No había vuelta atrás! Era tirarme por allí o bajar la montaña y volver a subir la otra, ¡y no estaba dispuesto a hacer eso de nuevo! Recuerdo claramente ese momento. Junto con nosotros habían llegado otros equipos, y estábamos todos en la plataforma de salida. Entonces les dije: "¿Me permiten que pase primero? Ya no aguanto más, y cualquier cosa me pasan empujando de atrás en el cable". Todos se rieron, por supuesto, y dijeron: "¡Sí, claro, no hay problema!". No soy para nada fanático de las alturas, pero como ya dije, la única opción era tirarme. Así que decidí relajar el cuerpo y salir de la plataforma ya en modo "bulto sin fuerzas". El cable tenía una longitud de unos cuatrocientos metros de largo, y calculo que estaría a unos doscientos metros de altura. En un determinado momento se me ocurrió la brillante idea de mirar hacia abajo, y entonces pensé: "Bueno, si me caigo aquí, la ventaja es que caigo sobre esos arbolitos de brócoli que se ven abajo…". Evidentemente, yo estaba ya alucinando. La única otra cosa que recuerdo es que había un lindo atardecer. Luego sentí que el sonido de la polea del cable se hacía cada vez más fuerte, y de pronto escuché el freno de la siguiente plataforma y vi que me estaba esperando el auxiliar del juego, que me desconectó del cable y me dijo: "Listo, puedes salir por allí...".

Yo miré las escaleras, el camino y la gente, y en eso vi un espacio en la montaña y dije: "¡Aquí me quedo, ya no doy más!". En ese momento comprobé que es verdad que las palabras tienen mucho poder y que *"En la lengua hay poder de vida y muerte; quienes la aman comerán de su fruto"* (Proverbios 18:21 NVI). Eso fue exactamente lo que me sucedió: solo llegué al otro lado de la montaña, tal como había dicho, y se me apagaron las luces. ¡Casi me desmayo! Simplemente me quedé tirado al lado de las escaleras que nos sacaban de ese lugar para ir al siguiente punto de control. Mi compañero de equipo venía atrás. Cuando llegó me levantó las piernas, me dio una bebida energizante y logró reanimarme un poco. Entonces subimos, y estando listos para la bajada a los siguientes tres puntos de control, le dije: "Disculpa, pero yo no voy. No doy más, en serio. Aquí me detengo. Subo la bicicleta al camión y me voy. Aquí se acabó la carrera para mí". Yo había dicho que ese punto de control era hasta donde iba a llegar, y allí estaba, siendo consecuente con mi afirmación.

Mi amigo, muy decidido, me dijo: "¡No te puedes quedar aquí! Después, cuando pase el tiempo, te vas a sentir frustrado y dirás '¿Por qué no lo hice?'. ¡No, yo no voy a permitir eso!". Total, que me dio un mensaje motivador y logró darme ánimo para seguir. Bajé la montaña pensando solamente en ese camino de terracería lleno de piedras por todos lados y en que, si no me había quedado allá arriba, no me iba a quedar allí tirado, así que me aferré al manubrio con todas mis fuerzas y luego de varios minutos llegamos a la ciudad.

¿Sabes por qué te cuento todo esto? Porque a mi amigo, a mi compañero de equipo, le tocó cumplir los siguientes retos solo. Eran retos de fuerza, y él me dijo: "¡Yo lo hago por ti, pero vamos a terminar la carrera!". Finalmente, luego de diez horas y treinta minutos, llegamos a la meta. Fue una gran emoción, y celebré y festejé como si hubiera sido el número uno. ¡Me sentía un campeón! Entonces abracé a mi compañero de equipo y le dije: "¡Gracias! De todo corazón, ¡gracias por no dejarme! ¡Gracias por ayudarme, gracias por levantarme, y gracias por hacer incluso el trabajo que me tocaba hacer a mí, solo por la satisfacción de que, como equipo, lográramos llegar a la meta!".

La compasión, pásala. ¡Este amigo no pudo haber reflejado más compasión por mí en aquella ocasión! De hecho, en esas carreras es donde más he visto que las personas te ayudan y te acompañan hasta que puedas llegar a la meta. Esa fue una de varias carreras en las cuales participé, pero sin duda fue la más memorable porque aunque hubo momentos muy duros, no me sentí solo. Mi amigo estuvo allí, mi compañero cubrió lo que yo no era capaz de hacer, y luego celebramos juntos.

Jesús hace lo mismo por nosotros. Él va con nosotros en la aventura, corre a nuestro a lado, nos acompaña a cada momento, nos anima, y si es necesario llevarnos cargados o hacer la prueba que nos tocaría hacer a nosotros, Él lo hace, solo por el gusto de que entremos juntos a la meta. Solo por asegurarse de que compartamos el mismo beneficio de la vida eterna y podamos disfrutar nosotros también el ser llamados Hijos de Dios.

Cuando uno ha tenido la experiencia de participar en una carrera de aventura, ya nunca será alguien que juzgue a otros, o que critique a otros. Por el contrario, allí uno aprende que debemos ser líderes que motiven, inspiren, ayuden, acompañen, y que incluso en algunos momentos tendremos que ser el que realiza el trabajo duro, el que pasa las pruebas, con el objetivo de llegar juntos a la meta.

La Biblia nos dice: "... *Lo que ustedes recibieron gratis, denlo gratuitamente*" (Mateo 10:8 NVI). Tú no pagaste nada por la gracia y la salvación que recibiste; alguien lo hizo por ti. Del mismo modo, tú debes ser ahora el que pague el precio del esfuerzo y el sacrificio para llegar con el mensaje a otros, y que muchos más puedan recibir gratuitamente ese regalo tan precioso.

El liderazgo no se define por la posición jerárquica, ni por los títulos que alguien pueda tener, sino por la disposición de acompañar a otros y la capacidad de manifestar el amor de Dios en el servicio a las personas.

¿A quién estás ayudando en su carrera hoy?

UN PADRE BUENO Y AMOROSO

"... Él es un Padre bueno y amoroso, y siempre nos ayuda..."

Todos sabemos que Dios es bueno y amoroso. No se puede hablar de Dios sin decir que es bueno, porque es su esencia, es una cualidad intrínseca de Él.

Millard J. Erickson dice: *"Se deducen varias implicaciones de esto. Como Dios es una persona (de hecho, se nos representa como nuestro Padre), nuestra relación con él tiene una dimensión de calidez y entendimiento. Dios no es un despacho o un departamento, una máquina o un ordenador que satisface automáticamente las necesidades de la gente. Es un padre conocedor, amoroso y bueno. Nos podemos acercar a él. Podemos hablar con él, y él a su vez, nos habla"*.[13]

Strong, en su Teología Sistemática, lo explica así: *"El plan de Dios se relaciona con sus acciones más que con su naturaleza, con sus decisiones en lo que se refiere a lo que hará, no con sus atributos personales. Dios, por ejemplo, no decide ser amoroso y poderoso. Simplemente es amoroso y poderoso por ser Dios"*.[14]

Dios siempre es amoroso y bueno. Esa es su esencia. Ignorar estas verdades es como decir "Fui a la playa, pero no vi arena". Si no viste arena, entonces no era la playa.

Ahora bien, si nosotros somos hijos de Dios, tenemos que reflejar ese amor y esa bondad en nuestras vidas. Debemos ser buenos y amorosos con nuestra gente, y con las personas que lideramos y atendemos.

Gracias a Dios puedo decir que soy afortunado y bendecido porque Él me permitió tener unos padres especiales, amorosos y buenos, aun con sus errores y fallas, como todo ser humano, pero que siempre han demostrado un gran amor y temor a Dios, y eso mismo nos inculcaron a nosotros desde pequeños. Nos transmitieron su fe, que fue modelada y enseñada, no solo con palabras, sino también con hechos palpables. También nos corrigieron cuando fue necesario, con el fin de que nos orientáramos hacia el buen camino, y esta es otra muestra de su amor.

Recuerdo que cuando hablaba con mis amigos del colegio acerca de nuestros padres, me daba cuenta de que muchos de ellos tenían padres muy enfocados en ser proveedores, muy preocupados en darles todo lo material, pero que a veces se olvidaban de darles tiempo y acompañamiento personal. Algo que me quedó grabado, y que hasta el día de hoy representa mucho para mí, es que mi papá siempre dedicaba un día en la tarde, por completo, para nosotros como hijos. Ese   artaba para llevarnos a jugar, a la piscina o simplemente a tomar un helado. Esta presencia en nuestras vidas era muy importante para nosotros como hijos, y él estaba constantemente enseñándonos valores, al igual que mi mamá, siempre firme y brindándonos su cobertura, cuidado y amor en todo tiempo.

Ese cuidado que los padres representan en nuestra vida, y que nuestro Padre celestial representa para nosotros de manera perfecta, es algo que tenemos que imitar, algo que tenemos que reflejar en nuestro liderazgo. Es cierto que cuidar a las personas también tiene que ver con corregirlas cuando sea necesario, pero nunca deben dejar de ser más fuertes el amor y la bondad.

PREGUNTAS PARA REFLEXIONAR

1. ¿Cómo ha sido tu experiencia con tus propios padres? ¿Qué lecciones para tu trabajo como líder puedes aprender de ellos? (Tanto cosas para imitar, como cosas para evitar).

2. ¿Crees que Dios es un Padre bueno y amoroso? ¿Por qué? Nombra algunos ejemplos concretos en tu vida personal.

3. ¿Qué cualidades debería tener un líder bueno y amoroso?

4. ¿Cuáles de estas cualidades crees que estás cumpliendo tú? ¿En cuáles aún necesitas mejorar?

DE MI EXPERIENCIA

Todos hemos aprendido cosas a lo largo de la vida, incluso de nuestros errores. Hoy más que nunca puedo decir con certeza que reconocerme roto, y ser alguien a quien Dios restauró de muchos errores y faltas, me convierte en una persona agradecida y preparada para amar a los que hoy necesitan de esa gracia de Dios. Para poder decirle al mundo, basado en mi propia experiencia, que todos somos gente rota, y que sin Dios estamos destinados al fracaso.

Muchas veces me he preguntado: "¿Por qué me sucede esto a mí? Habiendo tantos otros, ¿justo yo tengo que pasar por esta situación?". Pero luego, al pasar el tiempo, me he dado cuenta de que esa experiencia me ha servido para poder aconsejar a otros que están atravesando una situación similar, o para ayudarlos a salir de ella.

El liderazgo compasivo debe acompañar a las personas para que sean mejores cada día y eso incluye ayudarlos a ser mejores que tú y que, si es posible, lleguen más lejos de lo que tú has llegado. Pero nadie puede dar de lo que no tiene. Por eso, ya verás cómo eso que en algún momento fue doloroso, difícil o complejo, más tarde se convierte en sabiduría que te permitirá ser de ayuda, de consuelo o de ejemplo para otras personas. Entrégale a Dios todo, incluido tu pasado, y entonces toda la experiencia que Él te ha permitido acumular al ir atravesando las dificultades de la vida, Él la usará para que puedas ayudar a otros.

PREGUNTAS PARA REFLEXIONAR

1. ¿Alguna vez, al aconsejarte cuando estabas pasando por una situación difícil, te sucedió que quien te aconsejaba te dijera que en su vida había experimentado una situación similar? ¿Para qué te sirvió esto?

2. ¿Hay alguna experiencia difícil de tu vida que pienses que Dios puede usar para que seas de bendición para otros? ¿Cuál?

PÁSALA

"¡Pásala, suéltala, no seas egoísta!". Esta es una frase que escuchamos repetidamente en el fútbol y también en otros deportes de equipo. Siempre hay algunos jugadores que se resisten a soltar el balón porque quieren ser ellos los "héroes", mientras que también hay otros que se dedican a realizar grandes pases y jugadas especiales sin ser necesariamente ellos los que anoten al final. Hay jugadores que quieren brillar ellos solos, y otros que deciden ser los asistentes de las grandes anotaciones para que pueda triunfar y brillar todo el equipo.

En la vida sucede lo mismo, y en el liderazgo cristiano, lamentablemente, también. La gran responsabilidad que tenemos es resistirnos a la tentación de buscar ser mejores líderes para que las personas nos admiren o para tener muchos seguidores. ¡El liderazgo se trata de los demás, no de nosotros! Busquemos ser ese jugador que ayuda, que prepara la jugada para que otro pueda anotar el tanto. Busquemos ser líderes que asisten a los que sufren o están atravesando problemas, para que ellos sean los que alcancen la victoria.

Llegó la hora de practicar el estilo de liderazgo compasivo que nos modeló Jesús con todos los que tenemos cerca, y multiplicar el amor de Dios en todos los círculos de influencia en los que nos movamos. Donde haya gente rota que necesite ser restaurada, orientada, transformada y acompañada, allí debemos trabajar, dando a otros con la misma gracia que hemos recibido del Padre.

Jesús ya nos enseñó el camino. Ahora somos tú y yo los que debemos llegar a los corazones de los niños, los jóvenes, los adultos y los ancianos, a los corazones de toda esa gente rota que anda sola por el mundo, para mostrarles el amor y la compasión de Dios y acompañarlos en su crecimiento espiritual, de modo que puedan llegar a cumplirse en ellos los planes y propósitos para los cuales fueron creados.

La compasión, ¡pásala!

BIBLIOGRAFIA Y REFERENCIAS

1. Baker, John. *Ocho decisiones sanadoras*. Howard Books.

2. https://www.wordreference.com/definicion/roto

3. https://dle.rae.es/t%C3%B3xico

4. https://www.significados.com/persona-toxica/

5. Stamateas, Bernardo. *Más gente* tóxica. Ediciones B, S.A. 2014. España.

6. Maxwell, John. *Las 21 leyes irrefutables del liderazgo*. Thomas Nelson Publishers. 1998.

7. Huezo, Guillermo. *La compasión como indicativo y principio de actuación*. Artículo. 2021. Guatemala.

8. Leys, Lucas. *Liderazgo generacional*. Editorial e625. 2017. Dallas, Texas.

9. Sanabria, Ana María; Uribe Rodríguez, Ana Fernanda, *Conductas antisociales y delictivas en adolescentes infractores y no infractores*, Pensamiento Psicológico, vol. 6, núm. 13, 2009, pp. 203-217. Pontificia Universidad Javeriana, Cali, Colombia (https://www.redalyc.org/pdf/801/80112469014.pdf).

10. Ortiz, Félix. *Cada joven necesita un mentor*. Editorial e625. 2017. Dallas, Texas.

11. Gomá Lanzón, Javier. *Imitación y Experiencia*. Taurus Minor. 2014.

12. Gomá Lanzón, Javier. *Imitación y Experiencia*. Taurus Minor. 2014.

13. Erickson, Millard J. *Teología sistémica*. Editorial Clie. 2008.

14. Augustus H. Strong. *Systematic Theology* (Westwood, N.J.: Revell, 1907), pp. 353-54.

¡SUSCRIBE A TU MINISTERIO PARA DESCARGAR LOS MEJORES RECURSOS PARA EL DISCIPULADO DE LAS NUEVAS GENERACIONES!

Lecciones, bosquejos, libros, revistas, videos, investigaciones y mucho más

e625.com/premium

ZONA DE CONTENIDO
PREMIUM

Suscripción de **materiales premium** para iglesias

Recursos gratis

Tienda con envíos internacionales

Chat en tiempo real

Revista Líder 6.25

FAMILIAS + IGLESIAS SANAS FUERTES

Educación online **www.institutoe625.com**

Libros Online

Seminarios para iglesias locales

Eventos de **actualización** ministerial

e625.com
TE AYUDA
TODO EL AÑO